士業ってなんだ？

私が士業として生きる理由
SAMURAI LIFE

士業ってなんだ？

士業という言葉をイメージしてみて欲しい
難しい？専門的？一匹狼？
なんとなくイメージはかため

士業として働いている人は何十万人もいるのに
士業として仕事をしている人と関わることは稀

資格の名前は知っていても
どんな風に仕事をしているのかなんてぜんぜん見当がつかない

人を相手にする時間が長いのか、書類を作っていることが多いのか？
事務所にいることが多いのか、顧問先や官公庁への外出が多いのか
忙しくて休む時間もないのか、意外と自由な時間が多いのか

どんな人がどんな仕事をしているのか
士業というのはあまりよく知られていない

それは士業として生きるスタイルがあまりに多種多様だから

なぜ士業を目指したのか

学生時代に将来の進路について考えた
社会人になり仕事というものを考えた
年齢を重ね、社会について考えた

考えた先に士業という仕事があった

自分のやりたい仕事は士業でしかできなかった
自分の探していた働き方は士業でしか成せなかった

夢を叶えようとする人たちの下支えする仕事をしたいと思った
人や社会のために役に立ちたいと思った

自分の考えで仕事をしたいと思ったから
自分の意思で働きたいと思ったから

士業
としてあり続けるために

自分で決めた道
士業として生きる道を今も進んでいる

合格前はなりたい自分になるために、
やりたい仕事をするために必死に学んだ
合格後はなりたい自分でいるために、
やりたい仕事を続けるために必死で学んでいる

数％の合格率の試験を勝ち取った
自分の時間、家族との時間を削り
士業になるために時間を費やした

仕事がつまらないと思ったことはない
士業と名乗る社会的責任と専門職の面白さ
気づいたら義務ではなく仕事を楽しんでいる

「ありがとう」の言葉を直接聴くことができる
人にも社会にもこれほど関われる仕事は他にない

士業として生きる姿を見て
士業として生きることを感じて欲しい

ある家族のライフストーリーから見る
サムライフ

その道の専門家である「士業」の数は、決して少なくありません。
弁護士や税理士など普段からよく耳にする士業もあれば、
名前は知っているけど、どんな時に関わるのか知らない士業も多いと思います。
でも実は、私たちの仕事やライフイベントにおいて、
様々な士業と関わる可能性があるのです。

「サムライフ」で、ある家族と一緒に士業と私たちの関わりを見てみましょう。
意外と身近な場面で士業が登場します。それでは、サムライフのはじまりはじまり〜。

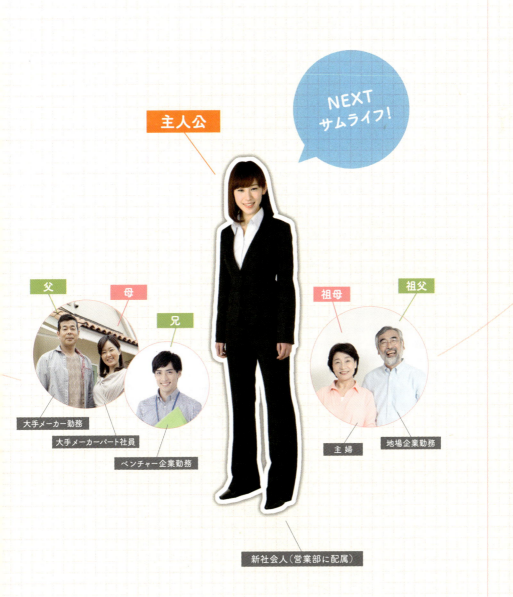

大手企業に就職!
厚生年金・健康保険・雇用保険に加入

いよいよ社会人生活をスタートした私。はじめて経験することばかりだけど、会社の名刺、自分のデスク、同期の仲間等々、社会の一員としての喜びを胸に仕事にまい進していきます!社会人になると社会保険・労働保険への加入義務が発生!総務の**社会保険労務士**に書類を提出して手続きしてもらいましたが、社内に**社会保険労務士**がいる会社は少ないみたい。入社手続きも滞りなく終わり、社会人としての第一歩を踏み出しました。

兄、驚きの結婚式!
国際結婚の手続き完了

兄が勤めている会社の後輩の結婚式に参列。どんな結婚式だったか聞いてみると、なんと結婚のお相手は外国人とのこと。外国人との結婚て簡単にできるのかな?と聞いてみると、国際結婚は入国管理局で手続きが必要になるらしく、**行政書士**に依頼して手続きしてもらっているそうです。また、手続きが完了するまでの間に、不動産屋に勤めている**宅地建物取引士**の友人に新居を探してもらっているそうです。

父が関連会社の役員に！

登記・各種許可・免許・経営の相談。
役員はやることがたくさん

父親の栄転が決定！ 離れて暮らす祖父母も呼んで、家族みんなで盛大にお祝いしました。役員になると、引き継ぐことがたくさん。会社では、役員就任の登記を司法書士に、各種許可・免許の手続きを行政書士に相談。事前の確認事項も多く、経営に関する相談を中小企業診断士に、お金に関する相談は税理士に、就業規則の疑問は社会保険労務士に訊き、就任までの2ヶ月間で、様々な士業の方にお会いしていました。

イメージキャラクターを作成！

会社にゆるキャラ誕生？

巷のゆるキャラブームに後押しされて、社内でゆるキャラとそのグッズを作ることに！キャラクターの公募からスタートし、グッズ制作まで一年を要す大プロジェクトです。社員からの応募もOKなので、採用されるのを夢見て私も真面目にゆるキャラを考案しています！キャラクターが決定したら、他のキャラクターの商標や著作権を侵害していないか弁理士に調査をお願いします。

お父さんすごい！

う〜ん…

03

04

地方への転勤！
最寄りの不動産屋さんで賃貸契約

入社して3年。早くも地方転勤の命を受けた私。初めてのひとり暮らしに向け、さっそく近くの不動産屋さんをのぞいてみました。窓口で物件の説明を宅地建物取引士からされました。不動産屋での契約時には、宅地建物取引士が手続きをする決まりがあるようです。車通勤になったので、通勤災害で弁護士・社会保険労務士に相談…、なんてことはないように！

甥っ子が事故に！
車と接触し示談交渉

幼稚園に通う甥っ子が交通事故に。かすり傷で済んだものの、後遺症はやっぱり心配。事故の対応について弁護士に依頼。自賠責保険の手続きは行政書士に相談。事故後の手続きによって、相談先が異なるようです。今は弁護士を通して事故の相手方と示談交渉を進めています。

兄が夢のマイホームを購入!
土地の価格や物件の相談

いよいよ兄夫婦がマイホームを計画しています。このところ休みの日には、夫婦で不動産を探し回っていました。その中に気に入った物件を見つけたようで、今は**不動産鑑定士**に価格の鑑定と担保の価値を相談中です。よい結果が出たら、安心して家を買うことができますね。購入の際には銀行で**司法書士**とも会うことになるそうです。

母が経理部へ異動!
ドキドキの監査

母が経理部に移って間もなく、**公認会計士**による監査が行われました。母の会社では、監査の元となる財務諸表を経理部が作成します。収益性分析・安全性分析・生産性分析といった**公認会計士**からの具体的な財務評価は、経理初心者の母にとって非常に勉強になったようです。せっかく経理の仕事に就くのなら、簿記の勉強をしようかななんて、母の隠れた気概を目の当たりにしました。

祖父が遺言状を用意!
公正証書遺言を作成

田舎の祖父が遺言状の作成することに。半端なことが嫌いな祖父は、作るなら公式なものをと、公正証書遺言の手続きを始めました。父が役員就任の際にお世話になった税理士の方に相談し、祖父が住む地域の知り合いの行政書士・司法書士を紹介してもらいました。公正証書遺言はたくさんの書類や2名の証人が必要なので、個人で手続きをするよりも、専門家に依頼した方が安心のようです。

祖母が父に田舎の畑を譲渡!
名義変更・農地移転の手続き

遺言書の作成とときを同じくして、祖母名義の田舎の畑を父に譲り渡す話が持ち上がりました。そこでまず、父が税理士の元を訪れ、贈与税の金額や転用方法について相談しました。良い機会なので境界について、土地家屋調査士に相談。土地の名義変更の手続きは司法書士に任せました。

祖父が会社を引退!
始まる年金生活

会社を定年まで勤め上げて退職した祖父。趣味を楽しみながらの穏やかな生活が待っています。でも、やっぱり心配なのは老後のお金。65歳からもらえる年金の金額や受給時期は気になるところです。そこで祖父は、**社会保険労務士**の方に年金相談をしてみました。年金は受給年齢の繰り下げや繰り上げができますが、それにより受給金額に変動があるそうです。まずは、受給年齢によるシュミレーションをしてもらいました。

祖父が仲間と起業!
年金生活からのセカンドライフ

退職からしばらくして、急に祖父の身辺が慌ただしくなりました。なんと、かつての仕事仲間と一緒にNPO法人を立ち上げるというのです！仕事をバリバリこなしていた祖父には、引退はまだまだ早かったよう。NPO法人の組織設立には、事業計画書や定款など何種類もの書類作成から事務所契約まで、クリアすべき課題はたくさん。家族がこれまでに関わった**すべての士業の方のサポート**を得て、法人の設立と運営行っていきます。

私が士業として生きる理由

CONTENTS

士業ってなんだ？ … P2
サムライフ 〜ある家族のライフストーリーから見る〜 … P8

30人のサムライ達

- 01 **ドクトルサムライ** 渡邉 陽（福岡県）弁護士 …………… P18
- 02 **波乗りサムライ** 琉子 敬仁（東京都）税理士 …………… P22
- 03 **サイコロジックサムライ** 長谷川 沙美（愛知県）社会保険労務士 … P26
- 04 **パイオニアサムライ** 安高 史朗（東京都）弁理士 ………… P30
- 05 **二刀流サムライ** メステッキー 涼子（大阪府）行政書士 …… P34
- 06 **フリーダムサムライ** 中村 文哉（愛知県）公認会計士 ……… P38
- 07 **復活のサムライ** 永井 良和（宮城県）不動産鑑定士 ……… P42
- 08 **ウィメンズサムライ** 飯島 きよか（広島県）司法書士 ……… P46
- 09 **和サムライ** 徳永 浩（佐賀県）行政書士 ………………… P50
- 10 **ライジングスターサムライ** 龍華 明裕（東京都）弁理士 …… P54
- 11 **宅建サムライ** 甲斐 富裕（福岡県）宅地建物取引士 ……… P58
- 12 **野球サムライ** 大美賀 功貴（東京都）税理士 …………… P62
- 13 **不動産オタクサムライ** 半澤 恵美（東京都）不動産鑑定士 … P66

| 14 | **新進気鋭サムライ** 吉田 成範 （北海道） 司法書士 ………… P70
| 15 | **情熱サムライ** 長谷川 裕雅 （東京都） 弁護士 ……………… P74
| 16 | **ママサムライ** 萩尾 倫美 （福岡県） 社会保険労務士………… P78
| 17 | **ガンダムサムライ** 山口 亨 （神奈川県） 中小企業診断士…… P82
| 18 | **ものづくりサムライ** 飯田 昭夫 （愛知県） 弁理士………… P86
| 19 | **バックパッカーサムライ** 安田 大祐 （北海道） 行政書士 … P90
| 20 | **ドリームサムライ** 佐藤 雄樹 （東京都） 宅地建物取引士…… P94
| 21 | **田舎サムライ** 大野 祐介 （大分県） 司法書士 ……………… P98
| 22 | **モデルサムライ** 田中 明子 （神奈川県） 土地家屋調査士… P102
| 23 | **ツーアップサムライ** 二上 剛志 （大阪府） 行政書士 …… P106
| 24 | **スーパーエースサムライ** 寺嶋 卓 （東京都） 社会保険労務士……P110
| 25 | **ヴィーナスサムライ** 湯本 圭 （埼玉県） 司法書士 ……… P114
| 26 | **北のサムライ** 鹿士 憲司 （北海道） 土地家屋調査士 …… P118
| 27 | **チャレンジサムライ** 中田 ちず子 （東京都） 公認会計士… P122
| 28 | **ロジカルサムライ** 川嵜 一夫 （新潟県） 司法書士 ……… P126
| 29 | **フロンティアサムライ** 木内 秀行 （神奈川県） 弁護士 … P130
| 30 | **軍師サムライ** 大島 康義 （大阪府） 中小企業診断士 …… P134

現代のサムライを生きる
　～サムライプロジェクト・プロデューサー メッセージ～ … P139

編集後記 … P142

大人になってからの勉強

　私は、ロースクールに入ってから初めて法律の勉強をしました。「弁護士になりたい」という強い動機があったわけではなく、ただ、資格を持ってできる仕事がしたい、という思いがあっただけです。法律に興味を持ち始めたのは、勉強を始めてからでした。
　勉強はすごく面白かったです。もし法学部に進学していたら、それほど興味を持てたかどうかわかりません。大学生はもっと別のことが楽し

普通に生活していたら見られないものもたくさん見られる。

ドクトル サムライ

渡邉 陽

弁護士 4年　福岡県 福岡市

いから。でも私は大人になってから勉強するのは楽しい、と理解した上で始めたので、面白かった。ただ、ロースクールに入るまで一切法律の勉強をしたことがなかったので、とても苦労しました。周りは法学部の人が圧倒的に多かったので、ちょっとした一言にいちいち怯えてしまって。例えば、「善意」という言葉がありますよね。善悪のこと？と思っていたら、法律用語では違う意味で使われているんです。法律に関する知識が全く無かったのが、本当に辛かったです。

3回目で受かった司法試験

　ロースクールには27歳の時に入り3年間通い、その後3回目の受験で司法試験に合格しました。もし3回目でダメだったら潔く諦めて別の道を探そうと思っていましたが、具体的には何も考えていませんでした。ただ、仕事はしなければいけないので、派遣に登録するなどして生きていかなければ、と思っていました。思えばたまたまばっかりな人生ですね。高校生の時、英語を生かしてジャーナリストになりたいと思い1年間留学したけど、心理学ブームがきて、結局大学は心理学のコースに進みました。卒業後は普通に会社員。その後、九州大学医学部の秘書のような仕事に転職。その頃たまたま妹が法律事務所の事務職員として就職したんです。それから何年か経ってロースクール制度が始まり、妹が勤める事務所の所長が大学院で教えるらしい、ロースクールは今までよりも弁護士になりやすいみたいだ、という話を聞き、やってみようかな、と思ったんです。本当にたまたまですよね。

医療過誤訴訟

　弁護士になって入った事務所は、妹が勤務している法律事務所でした。医療過誤の事件を多く取り扱う事務所で、私も母親が医療従事者であったこと、医学部で事務をしていたことなどから、興味を持ちました。専門というわけではありませんが、病院が近いという場所柄もあり、医療過誤の事件の相談は多いです。相談が来るとまずは調査から。何かしらの過誤を訴えていて、そこに何らかの過失があるか、現在の症状との間に因果関係があるか、そしてそれは文献に基づいて主張し得るか、相手に責任を問えるか等を調査します。調査の結果、責任は問えないという結果になればそれで終わりますが、責任を問えそうだ、という結果になると、相手に対する交渉が始まります。そこで向こうがどうしても払わないとなると、提訴という段階を踏むことになります。

　病院側が責任を認め、賠償に応じるということになればいいのですが、

過失を認めないとシビアな話になっていきます。

弁護士のやりがい

あと多いのは離婚案件ですね。子供がいる場合は、養育費と面会交流の問題で激しく争うことが多いです。他人のトラブルに介入する仕事なので、気分が落ち込んでしまうことは避けられません。辞めようと思ったことはありませんが、切り替えは大事です。

弁護士は、正直に言って、手放しでお勧めできる職業ではありません。でも、とてもやりがいがあることは確かです。私は離婚を考える女性の相談を多く受けるのですが、「相談してホッとした」とか、「これからどうすれば良いのかわかった」という言葉をもらえた時は、喜びを感じます。普通に生活していたら見ることがないものをたくさん目にしますし、賭けてみる価値はある仕事です。私はいずれ独立したいという希望がありますが、子育てとの兼ね合いもあるので、目標は近いうちに決めようと思っています。せっかく資格を取ったので、自分の力でどこまでできるのか試してみたいですね。

Profile　渡邉 陽（わたなべ よう）

福岡県出身　2010年司法試験合格　2011年弁護士登録。弁護士法人奔流勤務。医療事故・介護事故／交通事故をはじめ、多岐に渡る弁護活動を行う。自身の持つ知識を活かした相談手法による法律相談は、法律問題の解決に留まらず「悩みを聞いてもらって良かった」と多くの女性顧客から支持されている。

取得資格　弁護士

仕事の逸品

手帳

司法試験に受かったときにお祝いにいただいたことがきっかけで使い始めました。手帳にしては珍しく正方形ですが、サイズも中身も自分にぴったりで使いやすいです。この手帳は2代目で、今も愛用しています。

企業にとって
ドクター的な存在が税理士

波乗りサムライ

琉子 敬仁

税理士
東京都 新宿区

Interview 30 number Samurai

鹿児島の離島から東京へ

木曜辺りから天気図とにらめっこして、週末の波を予測するんです。今週末はどこへ行こうか。

海では仕事のことは忘れ、良いライディングをすることだけに集中する。波に押される力を感じて自然と一体化する。波の斜面に向かってライドするたびに負の感情が消えていく……。不思議と、サーフィンをすると良い人になれる気がするんです。しかし、今までの人生は良い波ばかりではありませんでした。私は鹿児島県の離島、徳之島で生まれました。高校を出ても剣道を続けたくて警視庁を目指しましたが、二度の採用試験の結果は不合格。途方に暮れました。そんな時に目にしたのが税理士という資格です。専門学校のパンフレットの「独立開業」「高収入」「高卒でも資格取得可能」というメッセージが私にはまぶしく映りました。それで2年以内に税理士資格を取得して独立開業！と意気込んで上京したものの、そんなに甘い資格ではありませんでした。

東京は全てが刺激的で、遊ぶ金欲しさにいろいろなアルバイトをしました。飲食店、バーテンダー、テレビのエキストラなど。バイト三昧の生活の中、なんとか1年生で簿記2級に、2年生で簿記1級に合格。しかしそんな折、授業料滞納で退学勧告を受けてしまったんです。簿記1級合格後は税理士資格へのモチベーションが薄れ、違う世界を見たいという気持ちがあったので、学校を辞める決意をしました。

投資顧問の開業、廃業

退学後の4年間は税理士試験に挑戦せず、また簿記1級を活かすこともなく、全く別の業界を転々としました。酒屋のトラック運転手や宅配業を経験した後、スポーツ新聞の求人広告を見て高額収入に目が止まり、中央区茅場町にある投資顧問会社に就職しました。裏業界ですが収入は高額。必死に営業に回りました。しかし入社半年後、その会社は投資に失敗して倒産。その後、上司と3人でマンションの一室を借りて独

立開業しました。最初は順調過ぎるほど儲けが出ました。信頼できる情報筋（X情報筋）を持っていたので、その情報を元に資金やクライアントを増やし続けました。その頃は、税理士を目指さずにこの業界に巡り合えて良かったとさえ思っていたのです。ある日、このX情報筋から某銘柄が大化けするから出来る限り購入して欲しいと連絡があり、全資金を投入しました。投入しきった頃、その銘柄の子会社が倒産するという信じられないニュースが飛び込んできたのです。某銘柄を大量に保有していたX情報筋は、子会社が倒産することを事前に知ったため、私たちに大量に買うように促し、その買いに売りを合わせたのです。業界でいう「はめ込み」です。頭が真っ白になりました。結局、会社を畳むことになり、2年以上いた茅場町を去りました。その後、無性に汗をかく仕事がしたくなり、土木の鉄筋屋に入りました。ストレートなコミュニケーションが新鮮で、人間味のある世界でした。都営大江戸線中野坂上駅のトンネル建築現場では5ブロックの班長も務めました。完成した時は、すがすがしい充実感があったことをよく覚えています。汗をかく仕事に満足した私は次のステージを考え始めました。そこで思い出したのが税理士でした。上京当初の目標に原点回帰しようと思ったのです。

税理士事務所への転職

最初に勤めた税理士事務所は会計業務をはじめ、登記関係、社会保険の手続き、保険の代理店等幅広く展開していて、本当に勉強になりました。ただ、簿記1級の知識をすっかり忘れていた上、あまりにもミスが多く、9ヶ月で退職勧告を受けてしまい退職しました。落ち込んでいる最中、現在勤めている税理士事務所の所長が拾ってくれたのです。この事務所は堅苦しさがなく、早い時には午後5時半にプシュッと缶ビールを開ける音がします（笑）。仕事はとりあえずやってみろという方針で、様々なことに挑戦させてもらい、仕事を覚える喜びと、覚えたいという意欲を刺激してくれました。この事務所に勤めてから17年目。高校を卒業してから

何も長続きしなかった私がよく続いているなと思います。辞めようと思ったことは一度もありません。所長も私を見捨てずにいてくれました。

無限の樹形図を守り、育てる

今はクライアントの巡回監査、決算、納税申告、各種コンサルティング業務等を行っています。この仕事は、数多くの出会いとドラマがあります。クライアントと共に悩み、考え、乗り越えそして共に人生を歩むことができる仕事です。こんな面白い仕事、辞めるわけにはいきません（笑）。

私は、税理士の最も重要な仕事は、企業が存続し続けるためにどうすべきかを考えることだと思っています。言うなれば、企業にとってのドクターです。企業の存続を守ることは、その企業のみならず、その企業で生きがいを感じて働く人、その家族、取引先や消費者、その他利害関係者、さらには将来その企業で働く人、将来の取引先等を守ることになります。税理士の仕事は、その企業から繋がる無限の樹形図を守り育ててゆくことができる仕事だと私は思っています。

Profile　琉子 敬仁（りゅうし たかひと）

鹿児島県出身 2013年税理士試験合格 税理士登録現在準備中。矢島会計事務所勤務。故郷徳之島から上京後、様々な仕事を体験し税理士資格を取得。持ち前の探求心・向上心を武器に会計業務に留まらない事業支援を行う。経営者に寄り添った熱い仕事ぶりから、多くの経営者から支持を得ている。

取得資格　税理士

仕事の逸品

コーヒー

仕事前にまずは一杯のコーヒー。仕事終わりにコーヒーで〆。気合を入れる時もリラックスするときもコーヒーを飲んでいます。仕事のときもプライベートのときも欠かせない逸品です。

Interview 30 number Samurai

30人のサムライ達――長谷川 沙美

40年間をハッピーに

　人は、学校を出た後、定年を60代とすると、20代から60代までの約40年間を社会人として過ごすことが多い。いろんな会社があって、そこで働くたくさんの人たちがいる。その働く人たち一人一人の40年間の幸せな環境を作ることができたら、たくさんの人たちが幸せになれる。生き生きと働ける環境になれば必然的に会社の売上も上がるし、皆ハッピーになれるんじゃないかと。そのために私に何かできないかと思い選んだのが社会保険労務士でした。

　大学では心理学を学びました。自身の考えが偏っていた10代の頃、人それぞれの様々な感情を理解できずにいました。そこでもっと人の感情を探究したいという思いがあり、大学は迷わず心理学部を選んだのです。

　心理学のある授業の中で、「環境を変えることで人は変わっていく」という言葉がありました。心理学は人を変えていこうというアプローチが多いのですが、まわりの環境を変えることで人が変わり、メンタルも健やかになるのではないか？と思い、環境を変えるということに興味を持ちました。環境を変えるにはある程度の強制力が必要です。強制力ってなんだろうと考えた時に、それは法律なんじゃないかと思い、法律に興味を持ち勉強したいと思ったのです。それが大学4年生の時です。

心理学を法律に活かす

　心理学で学んだ「傾聴」は今でも役立っています。仕事を進める上で、法律と個人の感情の折り合いをいかにつけるか苦労しています。法律論としては難しくても感情論では理解できるということがあるからです。たとえば労働問題では、「会社のためにこんなに頑張ってきたのに」と思う従業員と、「これほど従業員のことを思ってきたのになぜわかってくれないんだ」と思う社長との間で感情の溝が出てきます。このような感情の部分をちゃんと汲み取った上で、双方にどう話し納得してもらうか。そういう点で、心理学のカウンセリング技法である「傾聴」を学ん

だことが活きています。まだまだできていない部分もありますが、本当に勉強をしていてよかったと思うことがたくさんあります。

　社労士に合格後、実務経験を積むため、特定派遣会社で、1年に3社の総務・経理業務を担当しました。会社ごとのさまざまな違いや組織の流れを肌で感じました。その後に現在の愛知総合法律事務所に入所したのです。社労士事務所を選ばなかったのは、相談というのは社労士の領域以外からの相談を受けることも多いので、困っている人にワンストップでサービスを提供できる事務所を選びたかったから。弁護士や司法書士、税理士などとは完全に分業になってはいますが、相談等でそれら他士業の方と同席することもあり、さまざまな角度から知識を得ることができ、とても勉強になっています。

経営者と従業員の責任と私のやりがい

　この仕事をしていてやりがいを感じるのは、法律のことを重要視しない会社の社長さんが少しずつコンプライアンス意識を持つようになり、従業員の方からも会社が変わってきたよという声を聞くことができ、ちゃんと体制が変わってきたなと実感する時です。反面、経営者は会社を存続させる責任があるが、従業員はそれに甘んずるのではなく、会社に何かあっても自分の力で他の会社に行ける、引く手あまたになるくらい成長する、それが従業員の役目だという持論があります。だから会社に甘えちゃダメですよと伝えています。

　個人の依頼者では、ご自身で申請しても通らなかった内縁関係の方の遺族年金の申請や、ご自身で申請しても認定が貰えなかった障害基礎年金の申請を私が代理で行って受給が認められ、依頼者の方々から感謝していただき、結果を出せたと実感できた時ですね。

オールラウンドな社労士をめざして

　私は、社労士が担当する分野の全ての手続業務を行っています。企業と顧問契約を結ぶと、手続業務から日々の労務相談、賃金形態見直しの

相談なども担当します。いろんなことができる点で今の事務所に入ったわけですから、とても充実しています。しかし、本音を言うとコンサルティング業務が一番やりたいですね。（笑）

　大学卒業後、最初に入社した会社にはやりたいことが明確で、たくさんの知識を持っていて、会話するのも楽しかった先輩がたくさんいました。私もこういう社会人になりたい、早く同じレベルで、高い意識を持って仕事がしたいと思っていました。だから学生時代より社会人になってからの方がたくさん勉強しました。法律系の資格だけではなく、産業カウンセラーや秘書検定も取得しましたし、パソコン教室や話し方教室にも通いました。厳しい上司に説教されたこともありましたが、私を成長させようという愛情だったんですね。その時は期待に応えられませんでしたが、私も同じ資格を持って７年経ち、一通りのことができるようになってきた今、かつては何を言ってるのかわからなかった上司の悩みもわかるようになりました。今はそれらの経験全てに感謝しています。

Profile　　長谷川 沙美（はせがわ さみ）

愛知県出身 2007年社会保険労務士試験合格 2009年社会保険労務士登録。弁護士法人愛知総合法律事務所勤務。大手コンサルティング会社にて人事・労務部門アシスタントとして勤務後、社会保険労務士資格を取得。現在は総合法律事務所にて勤務し、他士業とも協力し合い、多角的な視点から相談等に対応している社会保険労務士。

取得資格　社会保険労務士

仕事の逸品

受験生時代のテキスト

受験生時代の次の年に購入したテキストで、とても使いやすく愛着のあるテキストです。社会保険・労働保険関係は法改正が非常に多いのですが、基本部分については、社労士の知識の基本が詰まったこのテキストで確認しています。

Interview 30 number 04 Samurai

新しい領域を追い求め続ける

物理学科から特許庁へ

　新しいことが好きで、まだ他の人がやってない、活躍できる領域を追い求めています。きっと飽きっぽいんですね。いや、好きなものはずっと好きなので、嫌なことを妥協して続けたりしない。基本的に超合理主義者。無駄なことはせず、最短で合理的なことだけをやりたいというのが私の根っこにあります。

　中・高では国語や歴史の暗記系科目が嫌いで、赤点を量産。でも、考え

パイオニアサムライ

安高 史朗

弁理士 5年
東京都 港区

て解ける科目は好きだった。小さい頃から公文式に通っていたのが大きくて、算数が得意になり、それが後に数学・物理が好きになるきっかけです。

　センター試験では文系科目がギリギリの点数、二次では前期試験に落ちたのですが、後期試験は数学物理だけだったので、何とか東大に受かりました。入った理学部物理学科は、周りの人の物理愛がすごくて、自分は大学院の研究室に残るよりも早く仕事をしたいと考えていた時に、友人に誘われて公務員試験を受験。もう、勢いで受験した感じですね。

特許庁に入ったのは、「最近特許がすごいらしいよ」と友人が言ったのがきっかけで、ちょうど知的財産立国だと言われはじめて知財分野が熱いときでした。面白いことができると、割と軽いノリで入ったのです。

特許の審査等の基本的な仕事は重要な業務だけど、これを一生の仕事にするのか？と自分の中に疑問が沸きました。予備校に通い弁理士試験に合格できたこともあり、入庁4年後にして退官したわけです。

シンクタンクでのコンサル業へ

特許審査業務では出願人と書面でやりとりしますが、出願人に余計なことを言いにくい立場なんです。今は違うかもしれませんが、当時は、もっとこうした方が良いと思っても何も言えないジレンマを抱えていました。だから、次は人に喜ばれる、コンサルの仕事をしたいと思いました。コンサルと知財を絡めた仕事をしている企業が少ない中で、野村総合研究所グループのNRIサイバーパテントに入社。

ここでは特許の膨大なデータを生かしながら知財のコンサルをしていました。特許の動向分析をし、競合企業・業界はこういう動きですといった事実を調べた上で、クライアントの知財戦略・技術戦略にアドバイス、リサーチ＋コンサルの仕事でした。この仕事は面白かったのですが、やはりビジネスの源流は事業会社だと感じました。そこから先がどうなっているか、企業の本当に面白い部分に触れることが少ない。ならば企業に入り、自分で意思決定できる立場になった方が面白いのかなと思いました。

広告を支える特許技術

そしていま、ヤフーにいます。知財といえばメーカーや製薬会社のイメージですが、ヤフーもIT企業として特許出願が多いです。私は政策企画本部という部署におり、ここでは著作権など知的財産に関する政策企画、いわゆるロビー活動をしながら、社内の知財戦略を考えたり、知財法務のようなことをしています。

自分の強い分野、いわば自分の付加価値を持ちたいと願いました。何か

の分野の第一人者になりたいなと。知財分野では特許の売買や特許の価値評価が話題に上がりますが、本当にその分野を専門とする士業は少ない。今後も知財と会計のクロスポイントはニーズがあるでしょう。会計の専門知識も持ちたいと思い、野村総研時代に公認会計士の勉強も始めました。簿記3級から勉強を始め、2級を受け、そして1級を受けるなら会計士を取ろうと徐々に進んできた感じです。

　弁理士試験や公認会計士試験は、幅広い知識を入れつつ、計算力や論理力をもってガーッと解く能力が求められる試験だと思います。知識を積み重ねていけば何とかなるものでもなく、「幅広く」「満遍なく」「何とかする力」を瞬間的に発揮しなければならないイメージです。

　いま仕事をしていて楽しいのは、お客様など人とのやりとり。満足していただいて仲良くなり、案件がクローズしたら「さぁ呑みにいきましょう！」となったりするんです。こんな関係が築けたとき、いい仕事したなって思います。

Profile 　安高 史朗（あたか しろう）

福岡県出身　2008年弁理士試験合格　2010年弁理士登録。2013年公認会計士試験合格　2015年公認会計士登録。特許庁特許審査官補を経て、大手シンクタンクにて知的財産コンサルティングに携わり、ヤフー株式会社勤務に至る。法的・分析的・活用的視点と会計的視点を複合させた視点は、新たな弁理士の在り方として注目されている。

取得資格　弁理士／公認会計士

仕事の逸品

キーボードとトラックボール

仕事をするうえで自分の周りをいかにシンプルにするかを考えると、必要最小限の機能が備わっているキーボードや僅かなスペースで作業ができるトラックボールを選ぶことになりました。

翻訳の技術と融合して
両方やっていけるような道を
見つけたい

二刀流サムライ

メステッキー 涼子

行政書士　9年

大阪府 大阪市

Interview 30 number Samurai

翻訳の仕事から法律の勉強へ

10年間、ほぼ無言で働いてきました。

翻訳の仕事はすごく地味。ファイルが送られてきて何日か端末の前で仕事をし、完成したら送信して、OKなら完了。人と対面することがなく、メールのやり取りで終わってしまう。でも行政書士の仕事は、契約書一つ作るにも打ち合わせから始まります。実際にお会いして、どんなものが欲しいのか根掘り葉掘り聞き、完成したものを一緒にチェックして、契約書を作った後もずっと関わることになります。翻訳業だけでは感じられない面白みです。

また、行政書士の世界は魅力的な人がとても多いんです。スペイン語やタイ語がプロ級だったり、人とのコミュニケーション能力が天才的な方がいたり。様々な魅力を持つ方がたくさんいる業界は、自分も刺激を受ける良い環境だと思います。

私自身は、ごく普通の子供でした。ただ昔から英語が好きで、10代の頃から将来は翻訳の仕事をしたいと思っていました。大学卒業後、しばらくは普通のOLでしたが、通信教育で翻訳の勉強を始めました。最初は自分で簡単なHPを作り、メール翻訳します、という風にスタートしたんです。その傍ら、翻訳者を募集していた企業があったので派遣で入社し、後に正社員となりました。

この会社を退職後、ハローワークに通っていたら、就職支援講座で法務講座をやっていたんです。3ヶ月の簡単な講座でしたが、今まで自分が訳していたのはこういう意味だったんだとわかり楽しく受けることができました。そして講師が行政書士という資格があると教えてくれて、受けてみたらと勧めてくれたんです。それが行政書士との出会いですね。その後、法律事務所に転職して、契約書の翻訳を大量にやりました。アメリカ法の弁護士である夫ともそこで出会いました。仕事の中でお客様に不安を与えないように、法律知識の担保として、行政書士資格の取得を目指しました。

試験は1年目は失敗、2年目で合格してすぐに登録しました。

ベビーカーを押しながら

　法律事務所を退職し、行政書士と翻訳を二本立てとした事務所を始めたのですが、子供が産まれる前後、5年くらいはなかなか動けませんでした。許認可業務を全然やっていない、それなのに行政書士と名乗って良いのかと気後れすることもありました。

　でも100％仕事をストップしてしまうのは勿体無い、できる事があるならやろうという気持ちがありました。そこに「認証業務」というマニアックな仕事があったんです。各国の領事館や日本の外務省が出す認証をお客様の代理で取ってくるという仕事です。行政書士の中でも扱っている事務所は少ないと思います。ややこしい割には報酬は低め、紙切れ1枚もらってくるような業務であまり知られていないのですが、依頼は多いです。私の事務所には子供が産まれる前からちょこちょこここの依頼が来ていました。細切れの時間で出来て、公証人のところに行くのもベビーカーを押して行けるし。お客様のところに行くなら、なかなか子供を連れては行けないですよね。認証業務なら、自分が役所などに行けばいいので、育児中でもできると思ったんです。それでHPをきっちり作って集客を始めたら軌道に乗りました。現在もメイン業務の一つです。これに救われたって感じですね。

　もう一つのメイン業務、契約書の起案とチェックには、実際に国内外の契約書をたくさん見てきたことが役立っています。欧米の契約書は、こんなこと書かなくて良いのに、ということも全部書く文化ですから。契約書の中の足りないものに気付く基となっています。

翻訳と行政書士の二つをこなす

　顧問先の中小企業のための契約書の作成やチェックは、面白みの大きい仕事です。始めた頃は、企業も私も手探りでした。私は顧問先の業界のことを知らないし、企業側は業界のことには詳しいけど契約に慣れて

いない。ただ長く続けているうちにお互い成長して、私も自信をもってアドバイスできるようになってきたし、企業側担当者も契約交渉スキルがいつのまにか磨かれていたりして、お互いの成長を感じられるという満足感があります。

　翻訳業から士業に重点をシフトして年数も浅いので、苦労はまだ殆ど知りません。今でも翻訳の仕事の方が多いくらいで、今翻訳の仕事が無くなったら食べていけないようなレベルです。行政書士業務をもっと充実させたいのですが、翻訳の仕事が多くてそれに時間を取られてしまう。でも翻訳の仕事が無くなったら収入も無くなる。そのせめぎ合いです。これからは、行政書士業務の技術や知識を深めたい。その上で私には翻訳の技術もあるから、この二つを融合して仕事に繋がる道を見つけたいと思っています。英語は道具。今でも使っているし、英語で電話やメールをしない日はありません。でもそういうレベルから、もう一段上のレベルで私ならではの仕事の形を作るのが、今後の目標です。

Profile　メステッキー 涼子（めすてっきー りょうこ）

大阪府出身 2005年行政書士試験合格 2006年行政書士登録。法務・翻訳事務所オーロラ代表。自身の海外留学経験や企業・法律事務所において翻訳を行った経験を活かし、翻訳と行政書士業務を融合したサービスを提供。ビザや入管手続きのみならず、領事認証取得代行等の新しいカタチの国際行政書士として活躍。

取得資格　行政書士／TOEIC990点（満点）

仕事の逸品

用語辞典

これまで自分が翻訳をしてきた用語を積み重ねてできた用語辞典です。業界ごと、クライアントごとの専門用語などをいつでも引き出せるようにした「創業以来継ぎ足しの秘伝用語集」です。

Interview 30 number Samurai 06

自由人の僕が見つけた価値ある人間としての場所

フリーダムサムライ

中村 文哉

公認会計士 8年
愛知県 名古屋市

音楽も組織も捨てた

　学生時代は音楽三昧。デスクトップミュージックという、パソコンで音楽を作る道に行きたいと思っていました。でも夢は叶わず、大学を卒業するころに完全に諦め、その瞬間に楽器は捨てました。それ以来触っていません。

　大学卒業後、選んだ道は塾講師。大手受験予備校に就職しました。私自身高校卒業時の偏差値が30ぐらいだったのに、1年間の浪人の末、

30人のサムライ達──中村 文哉

　大学受験のときにはある程度伸ばすことができた経験があったので、大学受験の仕事に携われたらと思ったんです。
　2〜3年は、楽しく仕事をしていましたが、果たして組織を一歩離れた時に、塾や大学受験のことしか知らない自分にどれだけの価値があるのか？と疑問に思いました。「自分ひとりでも社会的価値のある人間」。それをめざして資格をとろうと考えました。資格はなんでもよかったのですが、祖父と父が会計士だったので、その流れで会計士をめざすこと

に。塾講師を辞めようかと悩んでいるときに、初めて父から「会計士はどうだ」と言われ、それでその資格について調べました。意外と父親の仕事のことは知らないものです。

死に物狂いでつかんだもの

26歳で予備校を退職して、受験勉強を始めました。そのとき、既に子どもが2人いたので、もう死に物狂いでした。翌年合格し、大手監査法人に勤務。5〜6年勤めて独立しました。現在、独立して2年というところです。

独立して気づいたのは、自分が監査法人で会計士として身につけた知識が、世間の人から見て非常に貴重なものであるということです。例えば「資金繰り計画のたて方」、いつのまにか身に付いていたノウハウがクライアントに感謝されるんです。ある程度自分が価値のある人間になっていたんだと、初めて自覚するようになりました。

大手監査法人に勤めることのメリットはたくさんあります。まだ30代前半の自分が、監査に関わって大企業の経営陣の方とお話ができる機会に恵まれたのも、その一つです。社会的な責任を負っている方というのは、度量が大きいという印象を持ちました。当然、大きな刺激を受けましたね。

ワークライフ・バランスという選択

この資格は、監査法人に勤めるなど組織で働くことも、独立して自由に働くこともできます。いろいろな働き方を選べるのが非常にいいところだと思いますね。

例えば、定時退社を基本にしてプライベートな時間を大事にしている先生もいらっしゃいます。今、僕は中小の監査法人にも籍がありますが、家庭や子育てと仕事をバランスよく両立させている先輩の女性会計士がいます。朝はお子さんのお弁当を作ってから出社し、17〜18時に退社してお子さんの晩御飯を作っている。仕事もできる方で、年間の稼働

日数は150日ぐらい。それで年収はおそらく桜井翔さんのお父さんに匹敵するくらいですね（笑）。スーパー主婦ですよね。会計士は女性におすすめの資格ではないかと思っているんです。

　僕の場合は、独立したい気持ちも持っていましたし、自由に仕事や生活を組み立てたほうが性に合っているんだと思います。大手監査法人に勤めていたころは、ご他聞にもれず激務で、毎晩深夜12時過ぎに帰宅する生活。「働くために生きている」ような状態でした。どちらかというと「生きるために働きたい」タイプなので、今はバランスがとれています。オフの日はゆっくり子どもと過ごす時間もとれています。

　もちろん、士業として働く上では、自己研鑽を常に怠らないようにしています。人間には頑張りどきというものがありますから、そこを見落とさず、頑張ることが大切だと思います。また、独立すると、有給休暇がありませんから、自分が倒れたら収入がなくなってしまいます。体力勝負なところもありますから、ジムで体力づくりにも励まないと（笑）。

Profile　中村 文哉（なかむら ふみちか）

愛知県出身　2007年公認会計士試験合格　2011年公認会計士登録。中村文哉公認会計士事務所代表　税理士法人ACT名古屋事務所所長。監査法人勤務時は大手自動車メーカーの監査を担当。現在は自身の事務所を開設し、公認会計士として業務を行う一方で、税理士としても活躍の場を広げている。

取得資格　公認会計士／税理士

電卓

やはり会計関係の仕事なので電卓は必需品です。受験生時代から引退までずっとお世話になる相棒です。押しやすさや使いやすさ等いろいろ考慮しましたが、自分に合っているのはこれが1番ですね。

これからも一人の士業として復興を見届けたい

復活のサムライ

永井 良和
不動産鑑定士 1年
宮城県 仙台市

Interview 30 number Samurai

東日本大震災の日から

　あの日は、ちょうど不動産鑑定士の受験申込をした翌日でした。歯医者から帰宅して勉強する気が起きないまま、1年前に名取から引っ越した仙台市内の自宅で横になっていたところ、猛烈な揺れに襲われました。はじめは、ちょっと揺れてるなという感じでしたが、どんどん上から物が降ってきて、いつの間にTVも消え、電気・水道・ガスも止まりました。事の重大さに気づくのにずいぶん時間がかかったように感じます。同居していた家族は無事でした。市役所に勤務していた父親と連絡が取れませんでした。自宅は壁紙にヒビが入った程度でしたが、かつて住んでいた名取の家は、歩くとわかるほど床が傾き、半壊認定を受けました。そうした中で、なんとか受験勉強を続けました。

不動産鑑定士はシナリオをつくるということ

　不動産鑑定士は、路線価や地価公示など公的評価や、売買や資産評価のための評価など不動産の価値を判定する仕事をします。実際作業の流れとしては、土地の価格を決めるとき、まず周辺の不動産の取引状況を調査します。隣で売買があったからその数字がそのまま当てはめられるかというとそうではなく、道路の幅の違いによる格差などを検討する方法、その土地の上に最も収益が上がる建物を建てた場合に想定される価値を検討する方法、あとはコンクリートで埋め立てる場合にはそのコスト等も考慮します。近隣の状況やコスト面、収益として見込める額など総合的に考えながら価値を決めます。周辺のビルの空室状況や、昔と今で同じ建物を建てた場合の金額の違いなども調査します。

　「鑑定評価の基準」＝鑑定士の判断と意見に委ねられているので、当然鑑定士によってある程度異なるところもあります。私たち鑑定士は、依頼者にわかりやすく説明し、納得してもらう責任があります。自分だけの「鑑定評価」というシナリオを作る必要があります。こなした仕事の中には、河川の評価依頼がありました。これはどうやって評価するのだろうと困りました。そもそも市場性がないから、どこからシナリオを

30人のサムライ達——永井　良和

起こしていいか。この堤防があることで守られる土地があり、それが守られることに対する価値…などと考えつつ評価書を書きました。また依頼者自身も「これ評価できるの？」という依頼が来ることもあります。

自治体からは道路買収に関わる鑑定依頼もあります。ここからここまで買収するので該当する土地全部を評価してほしいという依頼や企業からの依頼だと、社内の資産活用の参考にするためであったり、内部決裁をとるために評価書が必須だからというパターンもあります。また、大都市では不動産の証券化が進んでいて、企業がビル一棟を運用することによって得られる収益を株主に配分するため、鑑定評価が必要になります。一般の方からは相続がからむ依頼があります。相続税算出では路線価が使われたりしますが、実際には形が悪かったり、緩い傾斜地など価値が高くない土地であるにもかかわらず、高い相続税を支払わなければならなくなったときなど、個人の方や税理士の方から鑑定評価を依頼されることがあります。

防災集団移転の現場で

震災後の復旧のさなか、１０月に合格発表がありました。発表直後に就職活動し、いまの事務所の内定をもらい翌年３月の大学院修了を待つ身でしたが、震災がらみで非常に忙しく人手が足りないからということで、内定後すぐにアルバイトとして入りました。飛び交う単語も解らないまま、現場へ飛び込みました。

被災した地域では「防災集団移転」という業務があります。例えば津波で住宅等流された地域では、もし再び災害が起きたら同じことが起こる可能性があるので人を住まわせるわけにはいかないため、被災した土地を自治体がいくらで買い取るかという鑑定評価をする必要が出てきます。東日本大震災では膨大な戸数の防災集団移転がありました。対象区域に入っていれば全てやる。震災復興の業務ではこの防災集団移転は非常に重いですね。私自身は 2000 戸担当しました。

Interview 30 number Samurai

　現場に立つと、何もかも無くなっていました。地図にあった目印になるすべてが失われていました。アスファルトも剥がされ、そこに道があったことも特定できない。鑑定しなければならないのに対象地の場所すらわからず、カーナビとgoogleマップの位置検索が頼りでした。わずかに残ったコンクリートの基礎などを手がかりに、本当にこの場所なのか？と悩みながら進みました。

　被災地でひとつずつ道を探しながら、悩んでも悩んでも答えが出ないところで頑張ってきた先輩たちがいます。私も新人でこの世界に飛び込み、支社の鑑定担当では長い方になりました。これからも一人の士業として復興を見届けたいです。

Profile　永井 良和（ながい よしかず）

宮城県出身 2011年不動産鑑定士試験合格 2015年不動産鑑定士登録。一般財団法人日本不動産研究所勤務。大学院在籍中に試験に合格。合格後には、大学院在籍中にも関わらず、会社に招聘され東日本大震災からの復興の一端を担う。現在も通常の鑑定評価書の作成等の実務のみならず、震災からの復興へ向けて最前線で活躍。

　取得資格　不動産鑑定士／宅地建物取引士

 仕事の逸品

カメラ

不動産鑑定士は現場に出ることもしばしば。現場を記録するためにデジカメは必需品です。電卓と同じカラーで統一しています。学生時代は写真部で今でも趣味にしている写真撮影。趣味でも仕事でも写真を撮っています。

人が成長する瞬間を
見るのがすごく楽しい

飯島 きよか

司法書士 15年

広島県 広島市

聴く能力が必要となる士業

「明日を見て歩く」から、あすみあ司法書士事務所と名付けました。最初、人目を避けるように下を向き、絶望した面持ちで相談に来た方が、「こういう風に進めていけます」と話をしただけで上を向くんです。もちろん八方塞がりの状況は変わっていません。しかし人は、「明日は変わるかもしれない」と思うだけで、同じ状況でも違う気持ちで捉えることができる。そして、希望を持って帰って行く。その姿を見ると、こちらまで勇気をもらえます。

子どもの頃は内弁慶で、学校で全く会話ができない時期がありました。通知表にもそう書かれていました。授業では、分かっていても手を挙げることができませんでした。小学生の頃は話をすることが本当に難しく、当時の記憶があまりありません。だから今、うまく話が出来ない人の気持ちが良くわかります。士業は、話すより聴く能力の方が大事だと言われます。自分が苦手だったからこそ、依頼者様に話をして頂く時に当時の経験が活きているかもしれません。

教育学部から司法書士へ

もともと教育学部でしたが、大人数が苦手だったため教育実習で挫折しました。そこで、一対一の対面でできる仕事が良いと思ったんです。教師以外で教育学を生かした就職先を考えた時、家庭裁判所調査官という国家資格があると知りました。最初は家裁調査官になるつもりでしたが、実際に家裁調査官の方に仕事内容をお聞きすると、最後まで問題解決に立ち会うのは難しいということを知りました。やはりお役所ですから、多くの方を担当しなければならないため、家裁が関与できるのは過程の一部分だけということでした。私は仕事で関わった方を最後まで見届けたいという思いがあったため、家裁調査官はやりたいことと違うと感じました。しかし、何か武器がないと仕事をする自信がなかった私は、司法書士を目指すことに決めました。そして、大学卒業後アルバイトを

30人のサムライ達 ── 飯島 きよか

しながら勉強し、27歳の時に合格したんです。

　初めはマンションの一室からスタートしました。約3年後に女性のスタッフに入っていただいたのですが、気付いたら女性だけの事務所になっていました。最初から女性だけと決めていたわけではありませんが、依頼者様に、なぜうちの事務所に依頼して下さったのかと聞いたら「女性ばかりの事務所だから」と言われるようになり、これは売りになると後から気付いたんです。

　実務に関しては、どうしても私でなければならないところはやっていますが、依頼者様と対応するのは私よりスタッフの方が圧倒的に時間も回数も多いです。スタッフが生き生きと仕事をしていれば、それが依頼者様にも伝わります。だから、自分の仕事と同じくらいスタッフのことも気になります。スタッフが楽しく仕事をしていることが私の喜びですし、スタッフが何かを学んで成長する時に、目がキラッと光る瞬間を見るのが楽しいんです。それが、この仕事を続けている理由でもあります。

仕事とプライベートの調和

　私は武器がないと仕事をする自信がなかったので、資格を取り、司法書士の道を歩んできました。よく、仕事とプライベートの両立と言いますが、私は両立ではなく調和だと思っています。思い切り仕事に集中する時期があっても良いし、子供ができたらプライベートに集中したって良い。最終的に調和することが大事だと思うんです。時期によって働き方を変えれば良いということです。しかもそれを自分で選択できれば尚良いですよね。そのためにも、資格を取ることはとても有効な手段だと思います。自分で何かを起業することは自由にできますが、自分自身を売り込むのは難しい。でも、「私は司法書士の○○です」と言えば、何をしている人かすぐに分かるし、相手の見方や評価がそれだけで大きく変わります。そうなると、とても仕事がやりやすくなります。また、今はワークライフバランスとよく言われているけれど、現実には様々なも

のが追いついていないし、整うのを待っていたら間に合わない人がたくさんいるはずなんです。実際に私たちの生活の現場まで下りてきて、すぐに状況がよくなるかと言えば、そうではないと思います。特に女性はそこを当てにするのは難しいので、うちのスタッフにも自分の武器となるものを持ち、仕事とプライベートを調和させて欲しいと強く思っています。開業当時は金銭面でとても苦労しました。会社設立のために登録免許税というお金が10万円程必要なのですが、それが用意できなかったんです。親に10万円借りて設立費用を立て替えて払いました。本当にお金が無くて、開業した1～2年はしんどかったですね。でも辞めようとは思いませんでした。必死過ぎて考えたことも無かったです。

今は野望があって、スタッフに大企業並にボーナスを出すと言っています。トヨタのボーナスが6ヶ月くらいと話題になっていましたが目標はそれ以上。スタッフにも、いつか絶対にねって言っているんです。

Profile 飯島 きよか（いいじま きよか）

広島県出身 2000年司法書士試験合格 2001年司法書士登録。あすみあ司法書士事務所代表。有資格者を含め、女性スタッフのみという県内でも珍しい司法書士事務所。事務所の特徴から女性からの相談・依頼も多い一方で一期一会を大切にする丁寧な仕事ぶりから男性顧客からの信頼も厚い。

取得資格　司法書士／住宅ローンアドバイザー

仕事の逸品

万年筆

業務終了後、私と担当したスタッフでお客様にお手紙を書いてお渡ししています。そのときに使用している万年筆が仕事の一品です。

Interview 30 number Samurai 09

詩人・作家から行政書士へ

　物を書くのが好きでした。しかし、宿題で書く日記が嫌いだったので、代わりに詩を提出することを認めてもらい、先生が毎日それを読んでは感想をくれました。人に想いを伝える嬉しさを知り、主に短詩文芸、中でも現代詩を創作するようになりました。文学賞もだいぶ頂き、今でも書き続けています。

　大学は文学部と思いましたが、既にある程度慣れ親しんだ世界だった

日本人は日本の価値観で

和サムライ

徳永 浩
行政書士 13年
佐賀県 佐賀市

ので、ここは法律を学び法律物の小説でも書くか、という割と単純な動機で法学部へ進学したのです。ところがはじめて行政法の総論の授業を受けたとき、さっぱり概念が分かりませんでした。これは自分で勉強しないとダメだ、と。やるからには目の前にニンジンをぶら下げたほうがいい。つまり、資格を取ろうと思いました。けれど、行政法がメインで出る試験は公務員と行政書士しかない。それで行政書士合格を目標にしたのです。

大学卒業後、そのまま大学院へと進学し、公法を専攻しました。大学院生時代は、企業の商品コンセプトをプランニングする仕事をしながら研究生活を送りました。

　法学で修士号を取得後に行政書士登録、事務所を開業しました。今は大学や職業訓練校で講義をしつつ、佐賀県や佐賀市など自治体の委員も多く兼任しながらの実務家生活です。

行政書士の業務の拡がり

　深くクライアントを知り、要求に応じたサービスを提供しようとしています。「こういうことまでしてくれたんですね」とクライアントが気づいてくれたときが嬉しいですね。顧問先には東証一部上場企業もあります。行政書士は中小企業相手というイメージがありますが、もちろん大企業からのニーズもありますので、それに的確に対応できれば大企業の顧問になることも当然あるわけですね。これから士業を目指す人には、変な遠慮や悲観論に惑わされず、なりたいと思ったものにトライして欲しいですね。士業は必ずしも資格の独占業務だけでなく、自分が培った法律の知識や感覚で他もやっていくことも大切。国会議員にも弁護士出身者が多いですよね。海外へ行く士業も少ないのでもったいないなと思います。私は、北米、ヨーロッパ、アジアなどの各国の案件もやってきました。ことさら行政書士は渉外＝入管と言ってしまいがちですが、外国関係全てが渉外な訳だから、本来の意味の渉外を扱えばいいのにと思います。ただの手続屋になっているのがもったいない話です。

日本の倫理観・価値観を大切に

　私の周りに日本の伝統文化、例えば神道や仏教、茶道や書道、香道や礼法などの教授者が多かったこともあり、私もそれを習いながら育ちました。最近、日本の素晴らしさが再評価されていますが、やはりそれは、日本人は日本の感性で物事に向き合うのが性に合っている、ということではないでしょうか。そのほうが働きやすいし、暮らしやすい。だから

仕事も暮らしも性に合ったものでやりましょうと発信しています。法律も、日本の風土や価値観などにあった解釈、立法という視点から考えるべき。例えば日本版 SOX 法（金融商品取引法）ができたときのコンプライアンスシステムやガバナンスというのは、その多くが欧米の価値観・倫理観からできている。人は疑ってかかるものだ、などと言うけれど、それらは日本の風土に馴染みにくい。CSR とかメセナも海外から入ってきていますが、古くから日本の商人はやってきている訳で、それに即してやれば上手くいくのではないか。私たちがコンプライアンスを実践するには、日本の倫理観や価値観を基にしないと、マニュアルだけ作って終わりになります。根本原因を見つめ直して、コンプライアンスやガバナンスを日本的な価値観から再構築してゆくこと。それが今の活動目標であり、その普及のため講演活動をやっています。

自分が持っている専門知識や経験を社会の中で活かす。それが法律家としては一番のプロボノ活動だと思っています。

Profile　徳永 浩（トクナガ ヒロシ）

佐賀県出身 1998年行政書士試験合格 2002年行政書士登録。徳永法務事務所代表。行政書士の活躍の場を広げたい、との思いで講演会や研修会の講師を全国で務めている。一方、日本の伝統文化についての講演活動も多く、文化と法の関係について考察。自治体の委員も数多く歴任。佐賀県行政書士会副会長。

取得資格　行政書士

仕事の逸品

扇子と懐紙入れ

企業経営者には茶の湯を嗜まれる方も多く、また、神社仏閣での行事参加もよくあります。出先でふいに茶席や式典などに招かれても、扇子と懐紙があればいつでも対応可能。

最高の人生を送るために、プロフェッショナルを選んだ

ライジングスター サムライ

龍華 明裕
弁理士 23年
東京都 新宿区

40か国をまわって得た人生の目的

　23歳のとき世界旅行に出ました。ずっと起業をしたかったから、自分に出来る事業は何かを見つけるつもりでした。事業化への可能性を見つける旅です。台湾から中国、フィリピン、シンガポール、タイ、マレーシアなど東南アジアから、インド、ネパールなどの南アジア、ドイツ、ギリシャはじめヨーロッパ諸国、ポーランドなど旧東欧、アフリカはモロッコまで、実に1年かけて計40カ国を旅しました。

Interview 30 number Samurai

30人のサムライ達 ―― 龍華 明裕

　そこで色々な幸せを見ました。国は貧しくても、実に楽しそうな人がたくさんいる。明るい顔を見ていると「裕福さ」と「幸福」には相関がないんじゃないか、むしろ負の相関があるんじゃないかと。特に印象に残っているのは、当時のビルマ、今のミャンマーです。所得はすごく低いのに、どの人も目がキラキラ輝いているんです。そういうのを見たとき、そもそも私はなぜ事業を起こしたいのだろうかと自問する旅になりました。

　子供の頃私の家はあまり裕福じゃなかった。だから裕福な暮らしを望

んで「経営者」を思い描きました。でも本当に事業や経営を出来るのかを確かめたくて、大学3年の時に学習塾を開きました。地元の競合塾を徹底的にリサーチし、他でやれていないことを考え、その部分を突く独自のカリキュラムと指導方法を作り上げた。宣伝や説明会もその部分に焦点を絞った。その結果、仙台で一番高い授業料を掲げながらも生徒がどんどん集り成果も上がった。この経験から自信を持ちました。しかし、果たして起業することが本当に幸福な人生なのか？が重大な問題になってしまったのです。

　その後塾を仲間に譲ってキャノンに入社し、ファクシミリの開発に携わりました。大企業がどう運営されているのかを起業前に学びたかったからです。勤務中から色々なビジネスを考えたけどなかなか起業できなかった。世界旅行から帰国後ずっと「世の中に対して何を提供できるのか」を自問していたからです。一度きりの人生を懸けるだけの誇りを持てるかと、明確に社会貢献できるかということが重要で、そうでないなら、いずれ自分自身が走り続けられなくなると感じていたからです。実はキャノン入社1年後に弁理士試験の勉強をしたのですが途中でやめたんです。「特許」は技術を独占させる必要悪だと感じたからです。

特許で企業、社会へ貢献

　入社4年を過ぎる頃、特許が社会を助けることが理解できました。例えばファクシミリのように何百もの企業の部品によって作られている製品があるように、特許によって技術が守られることで分業と協力がしやすくなり、世界の技術の結晶とも言える製品が生み出される。つまり「特許」に貢献することは、一見他人の排除を助成するようでいて、実際には世界の企業やそこで働く人達をも繋ぎ合わせるということに気づきました。契約で役割を明確にすると協力しやすくなるのと似ています。

　それから弁理士試験に合格し、3年間経験を積んで渡米、米国の特許事務所に勤務し米国 Patent Agent の資格も取りました。米国は特許の価値

Interview 30 number Samurai

が桁違いに大きく、賠償額も日本と比べ2桁大きい。そしてアメリカの弁護士たちはプロフェッショナルとしての仕事の仕方がまるで違う。「お客様のパートナーであれ」とは、アメリカの弁護士がよく言う言葉です。身近で米国の士業＝プロフェッショナルとしての働き方に感銘しました。そして帰国後、RYUKA国際特許事務所を設立しました。

RYUKAは、80名の事務所に生長しました。ベンチャーのお客様も多く、特許を活かして大成功するお客様もあれば、せっかく頑張って特許網を作り上げたのに会社が潰れてしまったこともある。自ら手がけた特許が大きく社会を動かしたときは本当に嬉しいですが、お客様が成功をできなかったときは自分の非力さを感じます。

私達はお客様や事業のパートナーでありたい。そして顧客の事業を成功に導くコンサルタント集団になりたい。私たちが持つ特許についての知識と、お客様の知識・経験とが助け合って事業が成功し、そこから生み出されたものがより社会を豊かにしてゆく。そういうあり方を求めています。

Profile　龍華 明裕（りゅうか あきひろ）

東京都出身　1993年弁理士試験合格　1993年弁理士登録。RYUKA国際特許事務所所長。弁理士／米国カリフォルニア州弁護士／米国Patent Agent（非登録）。Mission：技術と知財のコンサルタント集団として、事業の保護と創出へのリーダーシップを発揮し、産業と社会の成長に貢献する。

取得資格　弁理士／米国弁理士／米国カリフォルニア州弁護士

仕事の逸品

iPad

どこからでも業務確認や書類のチェック、メールの送信等ができるのでiPadを常に持ち歩いています。移動時間中や隙間の時間を効率よく使うことができるので必携品です。

「ありがとう、いい物件見つけてくれて」。カギを渡すこの瞬間に報われる

宅建サムライ

甲斐 富裕

宅地建物取引士 1年

福岡県 福岡市

30人のサムライ達―― 甲斐 富裕

Interview 30 number Samurai

海外で働くチャンス

　ずっとアパレルのアルバイトをしていました。アパレル業界か美容業界に就きたかったんです。でも、希望に合った仕事が見つからなくて。アルバイト先へ就職することも考えました。そうしたら、今頃天神のど真ん中、西鉄福岡で販売をやっていたでしょうね。

　法律には全く興味はなかったけれど、福岡大学の法学部に入りました。ここの法学部では留学プログラムで単位取得ができるという案内を見て決めました。留学は、シアトルに2ヶ月間行きました。その時の経験もあり、将来的に海外で働きたいと考えています。今の会社は、中国、上海に店舗があり、今後は欧米にも店舗を出す計画があります。チャンスがあれば、私も行きたいです。海外では、日本とやり方を変えないと難しい部分はあります。しかし、海外で働く日本人にとって、日本の不動産会社があるだけで、少しでも安心感を与えられると思います。

宅建合格から不動産会社へ

　宅建試験には19歳の時に合格しました。友達の一人に両親が不動産屋をやっている子がいて、不動産業には宅建という資格が要るということを知り、その友達に誘われて勉強してみたんです。友達5人で受験して、その時受かったのは私だけでした。その後、不動産系に就職する友達の影響で、私もこの業界を受けてみようと思い、そのまま不動産会社へ進みました。

　今の職場は賃貸専門。お客様の話を聞き、物件探しや手続き業務などを行っています。それから重要事項の説明と37条書面の説明。私は宅建士なので、他のスタッフの契約であっても私が説明をします。後は、物件探しでオーナーさんと会って、物件を賃貸に出していただけないかという交渉もします。博多を自転車で奔走する毎日ですね。

仕事で忙しく過ごす日々

　子供の頃から極度の人見知りでした。人と話すのが怖かったんで

す。できることなら自分の殻にずっと閉じ籠っていたかった。「嘘でしょ？」と言われるんですが、本当にそうだったんです。人と喋るだけで真っ赤になっていました。でもそういう自分が嫌で、変えようと思い立ちました。

それで高校受験の時、地元の北九州を離れて、知り合いが誰もいない福岡の高校を受験しました。入学式の時、周りの子はみんな友達がいて、ツイッターで盛り上がって楽しそうでした。私は何も知らない状態でポツンと独りでいたことを覚えています。逆境だなと思いました。でも、そこから自分のチャレンジが始まったんだと思っています。

今はお客様と向き合う日々です。決して慣れたわけではないけれど、逆に初対面だから吹っ切れて仕事をしています。完全に克服したわけではないですけどね。

学ぶこと、出会うことがたくさんあって、毎日めまぐるしく送っています。帰ってご飯食べて、寝て起きて、そのままバタバタ出て行く感じですね。まだまだ女性が長続きしない環境かもしれません。仲良しの友達は同じ不動産業が多いから話が合うのが良いけれど、シフトはなかなか合いません。うまく合わせて休みがとれた時は、車で遠出します。一人でゆっくり過ごしたいというのはあまりないですね。

今は入社して1年も経っていないので、全てが経験になっています。入社前はこの資格の価値が分かっていませんでした。給与面で優遇されるので、取って良かったとは思ったくらいです。入社してから分かったのは、人より仕事が多いということ。でも、重要事項の説明を頼まれたり、宅建業法について聞かれたりすると、私は必要とされているんだと、嬉しく思います。

仕事は好きです。仕事の全部を理解できているわけではありませんが、それでも辞めたいとは全く思いません。これからどんどんやりがいを見つけていきたいです。

Interview 30 number Samurai

30人のサムライ達 —— 甲斐 富裕

お客様からの感謝の声

　お客様にとって引越しは、衣食住の一つ。重要なことに違いありません。契約後のカギの受け渡しが最後にお客様とお会いするタイミングなのですが、「甲斐さんでよかった」「ありがとう、良い物件を見つけてくれて」とか、代理契約の際に親御さんから「娘もすごく喜んでいたよ」と言われると、ああ良かったな、と思います。お客様のために夜物件を調べたり、早朝に下見したり、時間外でも駆け回ったりするので、そういうのが報われた気がします。

　今の目標は、この会社の福岡の幹になること。どこもそうかもしれませんが、組織的に納得いかないところもありますが、上手に意見が言えるようになりたいです。将来的には海外での業務もしたいし、賃貸だけでなく売買もしたい。未知の世界だけれども、チャレンジしたいと思っています。

Profile　甲斐 富裕（かい ふゆう）

福岡県出身　2012年宅地建物取引主任者試験合格　2013年宅地建物取引主任者登録。株式会社アパマンショップホールディングス勤務。大学3年時に宅建資格を取得し、卒業後、不動産会社に就職。専任の主任者として営業所内の重要事項説明を一手に引き受ける。お客様目線の丁寧な仕事ぶりは、お客様をはじめ、職場内からの評価も高い。

取得資格　宅地建物取引士

仕事の逸品

自転車

出勤に使うだけではなく、お客様のところや物件の確認に行くときなど、活躍する機会が非常に多いです。多少の距離であれば自転車で移動できるように、奮発して少し良い自転車を購入しました。

税理士5科目合格までの長い道のり

　野球少年でした。小学3年からはじめて、高校は野球の強豪校というだけの理由で実家に近い商業高校を選びました。土日も遊んだ記憶はなく、ひたすら部活の毎日でした。あまり勉強はしませんでした。将来に不安はあったけど、目いっぱい野球がしたかった。たまたま商業高校だったこともあり簿記の授業がありました。簿記は（なぜか）結構得意で、(逆にいえば）簿記の勉強くらいしかしませんでした。3年の夏の大会が終わ

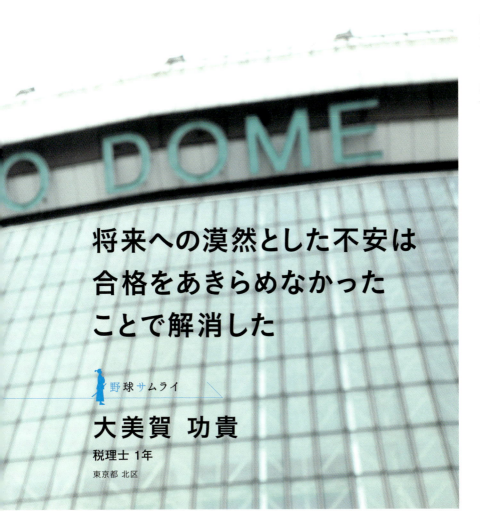

将来への漠然とした不安は合格をあきらめなかったことで解消した

野球サムライ

大美賀 功貴
税理士 1年
東京都 北区

り、卒業後はどうしようかと考えたときに、なんらかのプロになりたいと思いました。簿記が得意だったので、漠然と「経理のプロ」って何だろうと調べてみたら「税理士」があったというくらいで、それまでこの職業すら知らなかったんですよ。

　卒業後は税理士をめざして東京へ出ました。まずは6月に全経簿記上級試験に合格し、税理士の受験資格を得ました。その後、税理士試験の勉強をはじめ、翌年8月には簿記論に合格しました。簿記論に受かったこ

とで、税理士になろうという気持ちが大きくなりました。でも、実際に税理士試験の全科目に合格するまでには、初めて受験したときから（なんと）18年もかかったんです。

　一度地元の群馬県太田市に戻り、母校の進路指導の先生に会いに行きました。経理の仕事をしたいと話をしたら、地元の税理士事務所の求人を紹介され、そこに就職しました。4年ほど働いたのですが、仕事を覚えるのが大変で、受験勉強ができる環境ではありませんでしたね。太田市にはスバルと三洋電機の工場があり、顧客はそれらに関連した企業ばかりでした。でも、三洋電機の工場が縮小・閉鎖になり、「これでスバルも駄目になったら、この町では仕事がなくなるんじゃないか」と思いました。それで東京にもう一度行こうと決めて、翌日には車を売り、25歳で再び東京へ出てきました。思い立ったらすぐに行動するんです。受験勉強に専念しようとも考えましたが、仕事が好きだったので税理士事務所に就職。11年間勤めました。この間に結婚し、家を買い、子供ができ、税理士試験は2科目合格しました。会計大学院にも通いました。

お金の動きから見えるもの・見えないもの

　一昨年3月、会計大学院を修了し、同時に国税庁に提出した税法修士論文の研究が認められ、残りの税理士試験の科目が免除になりました。これで合格です。合格後、即、東京税理士会に登録して開業しました。勤務していた税理士事務所の所長には、資格をとったら独立しますと話していたのですが、独立開業とともに担当していたお客様をすべて引き継がせていただきました。私の専門は資産税ですので、お客様はアパート大家さんや地主さんが多いですね。独立後は不動産会社などからも声をかけてもらい徐々にお客様が増えています。仕事では「ここの土地で、こういうプロジェクトをやりたいんだけど税法上問題はないか、円滑な手続きをするにはどうすればいいかといったアドバイスがほしい」などと求められます。このアドバイスの延長に相続税の申告などの仕事がありますね。

こんなことがありました。普通のサラリーマンのお客様が亡くなり、ご遺族の依頼を受け調べたところ、2億円の預金を残していたいことがわかりました。「質素な暮らしをしていて全然お金を使わなかったから残っていたんでしょう、もっと使えばよかったのにね」と子供たちは話していました。しかし、本当の理由は全く違っていたのです。その亡くなった方は戦争に行かれた方でした。「自分だけが生き残ってしまい亡くなった仲間を思うといい暮らしをすることはできない」と生前話されていて、遺言書には「墓に入れなくていい、仲間たちと同じように海に撒いてほしい」と遺されていました。亡くなった仲間に対して自分だけ楽しく余生をおくる事が申し訳なくて、お金を使わなかったことが奥様の話で分かりました。残されたお金にもエピソードがある。私たちはお金の動きを見ています。お金の動きで人や家庭、会社の動きがわかるのですが、実際に聞いてみると様々なストーリーがあり、お金だけでは見えないものがあると感じます。

Profile　大美賀 功貴（おおみか よしたか）

群馬県出身　2014年税理士試験合格　2014年税理士登録。大美賀功貴税理士事務所代表。相続税に関する専門家として「問題はその場で解決する」を事務所の理念としている。また、自らが現場に出ることを厭わず、昼夜問わずに現場で調査を行い、質の高いサービスの提供を行っている。

取得資格　税理士／宅地建物取引士／貸金業取扱主任者／書道5段

レーザー距離計

土地の財産評価を行うとき、土地の広さの計測をしなければならないときがあります。レーザー距離計は一瞬で距離を測ることができます。特に相続に関する業務を中心に扱っている事務所には必需品です。

不動産オタクサムライ

半澤 恵美

不動産鑑定士 3年

東京都 杉並区

不動産オタクのこだわり夫婦
白熱した議論を繰り広げる

Interview 30 number Samurai

30人のサムライ達 ―― 半澤 恵美

不動産鑑定士ってなんだ？

　小さい頃になりたかったのは、「歌のお姉さん」。テレビ（ＮＨＫ）の子ども番組でとても楽しそうに歌っているお姉さんを見て、私も楽しく仕事をしたいと思ったのだと思います。

　現実は歌の世界とは程遠い、不動産鑑定士になりました。歌のお姉さんほど知られてはいませんが、不動産鑑定士は「意外に」身近なものなのです。文字通り不動産の鑑定をする仕事ですが、鑑定が必要とされるシーンは様々で、地価公示・都道府県地価調査等の公的評価、税金の課税標準を定めるための評価、公共事業用地買収のための評価、裁判や調停の場での評価、金融機関からの依頼で担保の評価などを行います。ほとんどが企業とか国、自治体が依頼主。個人のお客様は、裁判の局面とか納税のときぐらいです。また、私の場合、鑑定評価以外に不動産に関する企業間の訴訟や自治体の公有財産処分の場面におけるコンサルティングなどを担当することもあります。

　私がこの資格を知ったのは、大学卒業後に勤めた金融関係の会社で不動産担保融資の仕事を担当したとき。社内の鑑定部というセクションに鑑定士の資格を持った先輩が何名かいて、担保価値の査定をしていました。そこで初めて「ああこういう資格があるんだ」と。鑑定士の仕事は、物事を突き詰めて研究、分析していくことが求められます。私にはそれがとても魅力的に映りました。

　そのころ会社で人事異動があり、私は違うセクションに配属。まわりからは「おめでとう」と言ってもらえるような異動でしたが、当時の私は不動産に関わる仕事に興味と愛着を持っていたので、離れるのが残念でした。「企業に属している以上は、自分のやりたい仕事ができるわけではない」ということを、20代前半にして身をもって感じたのです。

もっと自由に働くために

　企業に勤めるということは、何の仕事をどんな場所でするのか自分の

希望だけで選べない、転勤もある、女性なら出産や復職の時期など、すべてに制約がかかってきます。私は「仕事に自分の生活（人生）を合わせていく」のではなく、もっと自由に仕事をしたいと思いました。

　そこで、自分自身の仕事に対する感覚に合致していると思ったのが不動産鑑定士。いずれは独立したいなとも考え、資格取得を目指すことに。会社を辞め、7〜8ヵ月間専門学校に毎日通い、1日十数時間缶詰になって勉強した結果、一度で合格しました。31歳のときでした。のんびりした性格で、子ども時代は夏休みの宿題を最後の1日でやるという「カツオくんタイプ」でしたが、なんとかなりました(笑)。

　試験が終わってすぐに同業者の主人と知り合い、結婚。立て続けに3人の子どもに恵まれたこともあり、7年間ぐらい仕事を離れて育児と家事に専念していました。こういう時期が持てるのも、資格があったからこそだと思います。いつでも自分のタイミングで再スタートを切れると思うと、気持ちが楽でした。それでもその期間は、時間を見つけて勉強したり本を読んだりして、センスが鈍らない努力をしていました。そして、双子の下の子どもたちが小学校に上がるときに、仕事を再開したのです。

仕事にのめり込む

　主人は企業内鑑定士だったので最初は私ひとりで開業し、昨年から一緒にやっていこうということに。夫婦で不動産鑑定士だと遠慮無く言い合えるので、一つの鑑定評価書をめぐり議論が白熱してしまうこともしょっちゅうです。お互い不動産オタクのこだわり派なので、プロ同士、譲れなくて（笑）。鑑定評価書の作成に関して、いいものを作りたい。その成果物のためには、自分が納得できるまで粘ります。時には朝方まで仕事をすることもあります。

　説得力のある評価書を作成するのが鑑定士の腕の見せ所でもあり、百人鑑定士がいれば百様の鑑定評価額出るところが面白いですね。のめり込めるような仕事ができるということは、非常に恵まれていると思いま

す。のめり込んでいるときは時間が経つのも忘れ、夜中でも全然眠くならないんです。これが仕事になっているって幸せなことですよね。逆に、仕事が辛いと人生ものすごく損だなと思います。

でも、駆け出しの頃には勿論失敗もあり、周囲の方々に助けてもらいながら何とか仕事をやり遂げたことや、仕事のプレッシャーで精神的に苦しんだこともありました。いいことも悪いことも、ひとつひとつの経験が積み重なって一人前になっていくものですね。今では、少々のことでは物怖じせず、タフになりました。

仕事上の目標は、受験指導校の専任講師として不動産鑑定評価理論の講義を担当しているので、たくさんの受講生が鑑定士となって業界で活躍してくれること。それから鑑定士としては、自分の考え方や研究成果を書籍にして出版することです。

今、こうして「好き」を仕事にすることができたのは、子どもの頃に夢見た「歌のお姉さん」になったのと同じことなのかもしれません。

Profile 半澤 恵美（はんざわ えみ）

鳥取県出身 1999年不動産鑑定士試験合格 2012年不動産鑑定士登録。株式会社アルファトラスト取締役。二男一女の母でありながら、株式会社アルファトラストの取締役として鑑定評価業務に従事。代表取締役である夫と公私共に二人三脚で奮闘する日々。

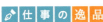
取得資格　不動産鑑定士／宅地建物取引士

仕事の逸品

ペン

鑑定評価書には不動産鑑定士が署名・捺印することが法律により定められています。出来上がった鑑定評価書に最後に署名する瞬間の達成感は格別です。このペンは、その署名の際によく使用しているものですが、不動産鑑定士登録の記念に主人からプレゼントされた愛用品です。

「なんとかなる」
ではなく
「なんとかしないと」
いけない

新進気鋭サムライ

吉田 成範

司法書士 3年

北海道 札幌市

30人のサムライ達――吉田 成範

鍛錬と努力の積み重ねの先に

　札幌市の西側、札幌駅や大通駅などの街なかから少し外れたところにある円山公園に事務所を開業しました。車移動が多いので、街なかだと雪が降ると道が混んで身動きがとれなくなるんです。その点ここは幹線道路や高速道路が近いので便利ですし、各法務局との間隔がバランスよく、多くの地域をカバーしやすいということから選びました。

　都市と地方では違いがいろいろあると思いますが、地方ではもともと司法書士の数も少ないですし、事務所を開業するとすぐに評判が立つんです。良い評判が立つこともあるけれども、ミスによって悪い評判がわーっと広まることもある。ですから独立するときは、ちゃんと勉強して満を持してから。ミスは許されないという覚悟でいかないとならないんです。自分は大丈夫なのかって？登録後9か月で独立しましたが、「なんとかなる」とは言えません。「なんとかしないと」いけないんです。もちろんミスをゼロにすることはできませんが、「なんとかする」経験を重ねて成長しているなと実感しています。

　司法書士試験に合格したら、そこからがスタートです。よその事務所で働いて研修を受けるときは修行の身。自分のフィーリングに合う先生を見つけたら、ある程度我慢をして努力をするべきだと思います。ただ、我慢の期間は比較的短い。どの仕事にも我慢する時期はありますが、例えば職人とか技術者などに比べて一人前になるのは早く、スムーズに独立できる職業、それが士業だと思います。短い修行期間でそれなりの地位と収入も得られるのは、資格試験を通して原理原則を理解し、さらに実務という二段構えで学んでいるからでしょう。司法書士は、サービス業という現代の感覚を持ち、勘違いせずに仕事をすれば、将来性のある資格だと思います。

　もともとこの仕事を目指そうと思ったきっかけは、中学生のときに、社会科見学で裁判所に行ったことに遡ります。そのときに弁護士ってい

いなと、法律業界にあこがれを持ちました。司法書士については、大学で司法書士の先生が講義をしていたことで知りました。ちょうど弁護士になるには法科大学院へという制度変更があったころで、学費のこともあるので、まず司法書士になり自分で稼いだお金でロースクールに行こうと思ったのです。ところが司法書士の試験が思ったよりも難しく、いざ受かってみると、争いの中に突っ込んでいく弁護士より、司法書士のほうが自分には向いているなと思うようになりました。今は、弁護士になりたいとは思っていません。

1日1日が真剣勝負！

　司法書士には、大学を卒業した年に2度目の受験で合格し、翌年に登録。独立したのは25歳のときです。現在の仕事の内容は95％ぐらいが不動産関係。残りの5％が商業登記とか訴訟関係です。少しずつですが、最近は訴訟が増えてきているなと感じます。

　この仕事は、仕組みを作れば収入も安定しますし、努力次第では収入を増やすことも可能です。また、年齢に関係なく尊敬してもらえ、感謝されるというのも長所ですね。経費をあまりかけたくないというお客様に、自分の持っている知識や実務上のテクニックを使って経費削減の提案をして感謝されたときは、やりがいを感じました。潜在的な依頼者を掘り起こし、仕事をつくりだしたような感覚でしたね。

　一方、期限に迫られ、急かされることが多いのがこの仕事の短所かもしれません。法務局が終わる17時15分までは、毎日戦いです。月末などの忙しさが重なると、つらいですね。アポもどんどん入ってしまいますし。うちの事務所には、もう一人司法書士がいるので分担できますが、1人だと今の仕事量をこなすのは大変だと思います。

　仕事量を減らして自由時間を増やす考え方もあるでしょうけれど、事務所を維持し、スタッフを雇ってということになると、ある程度の収入が必要になります。そうすると、自由はあまりありません。現状、数日

間事務所を空けての旅行は難しいですね。土日も電話は鳴りますし、多い日は1日に90回ぐらい携帯電話に着信があります。開業したばかりの頃は、トイレやお風呂に入っていても必ず電話に出ていましたが、今はある程度時間で区切ることにしています。

　休日は少ないですが、たまの休みにはゴルフをしたり、買い物をしたりしています。取引先の人と仲良くなって、一緒に飲みに行くことはもちろん、スノーボードやゴルフに行くこともあるんですよ。仕事の関係で知り合って、友だちになれるのはいいですよね。

　これからの目標は、ある程度余裕を持って仕事ができるようになることです。やりたい仕事を優先的にできるようになったらいいですね。それから困っている人を助けるために働きたいという夢もあります。社会貢献の一つとして、もっと自分の事務所を大きくすれば、ある程度の雇用を作ることもできるでしょう。今は、その土台作りをしていく時期だと思っています。

Profile　吉田 成範（よしだ しげのり）

北海道出身 2011年司法書士試験合格 2012年司法書士登録。司法書士吉田成範事務所代表。不動産登記関連業務、会社・法人登記業務、裁判所関連業務、成年後見関連業務の4つの分野を総合的に取り扱い、総合的な視点が融合された、リーガルサービスの提供に定評がある。

  司法書士

仕事の逸品

メガネ

視力矯正のためでもあるのですが、マーケティングをした結果、メガネを掛けている人の与える印象が良いということを知り、掛けるようになりました。小さなことかも知れませんが、事務所の顔として印象も大切にしています。

「人のために」という情熱と
葛藤と悩みの中でもがく仕事

情熱サムライ

長谷川 裕雅
弁護士 10年
東京都 千代田区

事件を追った先にあったもの

　新聞記者時代に取材し、印象に残っている事件があります。神戸から修学旅行で来ていた女子高校生が、札幌のホテルで火事に遭いました。出火元の部屋にいた生徒２人が亡くなりました。１人は心中をはかった生徒で、事件直後に死亡。もう１人は、たまたま同室になり巻き添えになりました。巻き添えになった生徒の家族に、事件直後から張りついて取材したときの話です。生徒は仮死状態で２週間ほど生き続けました。当初は記者としての功名心から「取材対象からネタをとりたい」という意気込みでした。しかし、家に上げてもらい、卒業アルバムを借り、話を聞くうちに、いつの間にか当事者として事件に関わっていました。なんとか生き延びてほしいと祈りましたが、最終的に生徒は亡くなってしまい、家族といっしょに涙を流しました。

　書類送検され、放火殺人の容疑者とされた生徒は不起訴処分となり、事件は終わりました。翌日からは、また新しい事件の取材に追われました。毎日たくさんのニュースが生まれ、報道した事件のその後を追いかけることは、基本的にありません。逮捕を報じる原稿までは書いても、関係者のその後の人生は置き去りなのです。でも当事者のその後の方が、むしろ気になりはじめました。亡くなった生徒の家族は加害者の親に対して金銭的な要求ができるのだろうか。民事的にはどういう救済手段があるのだろうか。

　事件を最終的に解決できるのは法律家しかいない、と思うようになりました。道徳や理念と違い、法律には強制力がある。だからこそ人を救うことができるのは、究極的には法律しかないのではないか。「一念発起して司法試験を受験した」とまではいいませんが、ICUで２週間も頑張った後に息絶えた女子高生に対する弔意が、大きなきっかけになりました。

リスク回避で退職、弁護士に

　じっくり腰を据えて、１つのことに最後まで取り組めていない。合わ

ない上司に対する対応にも苦労し、不満はたまっていました。サラリーマンが普通に感じる不条理です。もちろん、記者として専門分野を磨いていく道もあったと思います。しかし先輩を見ていると、自分のやりたいことを組織の中で実現させることは難しい。たとえ10年頑張っても、うまくいかない可能性はある。「『10年やってみてダメだった』というのは、1度しかない人生においてあまりにもリスクが高い。だったら司法試験にかけるリスクのほうが低いはず」と考え、記者を辞めました。

退職した翌月から予備校に通い、3年半後に司法試験に合格。1年半の修習を経て弁護士登録したのは、29歳のときでした。大手渉外や外資の法律事務所を経て独立し、現在は相続や事業承継、危機対応などを中心に仕事をしています。

怒り、情熱、葛藤、苦悩

弁護士の仕事は、人生のよろずを丸ごと背負うものではなく、特定の場面でワンポイントリリーフとして活躍するものである、という考えです。だからこそ、人を道徳的に矯正するといった大それた考えはありません。ある21歳の大学生は道徳観念があまりにも欠落していました。オレオレ詐欺をやって逮捕されたのですが、示談に成功したという報告をしても「あのババア、欲の皮が突っ張っているから簡単に示談できたでしょ」と言って、まったく反省していない。彼を諭しても無駄だと思い「今後どういう生き方をするかに対しては干渉しないが、あまりにもリスクが高い行動は謹んだほうがいい」とだけアドバイスしました。20歳を超えた人間に説教しても効果はありませんが、彼を刑務所には行かせたくなかったのです。「わかった」とは言っていましたが、彼は6カ月後に別の事件で捕まりました。無許可のデリヘル営業や恐喝で。結局、リスクの高い行動を続けてしまったのです。

弁護士には情熱や信念が必要です。人のために共感したり、怒りを感じたりできなければ、いい仕事はできません。それは仕事をする上での

ガソリンみたいなもの。他方でどこかで冷めていないといけない。道徳を説くのは牧師や金八先生の仕事で、弁護士の役割ではありません。自分の能力の限界、職域の限界を感じつつ、葛藤や悩みを抱えながらやっていくのが弁護士業なのかなと思います。

表現者として

記者時代の上司は、何をしてもほめてはくれませんでした。唯一、ほめられたのが文章。文章はいつも完璧だと。それが自信になりました。筆力が将来、自分を助けてくれるかもしれないと思っていました。弁護士になってから本の執筆のオファーを受けた際に、尻込みせず思い切って手を上げられたのは、あのときの自信のおかげです。それが最初に書いた『磯野家の相続』。いろいろな方に助けられて、ものを書くことでも実績を重ねることができました。

Profile 長谷川 裕雅（はせがわ ひろまさ）

大学卒業後、朝日新聞社の記者を経て、2003年司法試験合格。2005年弁護士登録。東京永田町法律事務所代表。訴訟コンサルタントとして、最終目的を最短距離で達成すべく戦略を明示する。処女作『磯野家の相続』（すばる舎）はベストセラーに。政治家・芸能人のマスコミ対策を想定した危機管理・不祥事危機対応にも集中的に取り組む。

取得資格 弁護士／税理士

仕事の逸品

ネクタイ

事務所の中にあるだけでも結構な本数になります。色は基本的にネイビー、柄は全てドットのみ。ストライプやレジメンタルは着用しません。

今日の自分を作ってくれた
大事な場所を胸に
仕事をしています

ママサムライ

萩尾 倫美

社会保険労務士．12年

福岡県 糟屋郡．志免町

Interview 30 number Samurai

不思議だった『魔女の宅急便』のワンシーン

　思うようにならないとき、思い浮かぶ映画のシーンがあります。小学校6年生の頃観たジブリ映画『魔女の宅急便』。お婆さんから焼いたパイを孫娘に届けるよう頼まれ、主人公が大事なパイを雨の中ずぶぬれになり必死に届けたのに、受取った孫娘は「このパイ嫌いなのよ」と言い、ドアをパーンっと閉めてしまうシーン。主人公は「雨の中ありがとう」と言ってもらえると思っていたかもしれません。必死になって届けたことに感謝されると思ったかもしれません。でも冷たい言葉を投げかけられて終わりです。

　「お客様は30分は待ってくださるけれど、1日を過ぎたら信用を失うよ。」大学在学中、所属していたゼミで税理士をされているOBから教えていただいた言葉。今も時々業務量が自分のキャパを超えそうになった時思い出します。

　私は、合格後2年間、他の社労士事務所に勤務した後、25歳で開業しました。当時福岡で最年少で開業した社労士と言われました。母が長年フルタイムで働いていた影響で、結婚、出産で仕事を辞めて家庭に入るという発想が無く、働き続けるイメージで学生時代からキャリアプランを立てていました。専門分野の労働法を研究するため大学院に進学したりその間に資格を取得したのもそういった考えの表れです。人生設計では10年ほど勤務して開業と考えていましたが、主人が自営業で同じスペースで業務が行える後押しもあり思い切って開業を決断しました。ところが、開業準備中に妊娠がわかり、1、2年目は子育てで開店休業状態でした。士業のメリットの一つはその時のライフスタイルに合わせて仕事の調整ができるということがあります。

―社労士のやりがい

　お客様は、建設業、製造業、医療業、介護業、IT関連業、派遣業と幅広いです。医療、介護業のお客様からのご依頼も比較的多いですね。意外

ですが司法書士、行政書士、税理士事務所の士業のお客様も多いです。社労士の仕事は、ただ社会保険や労働保険の手続きをするだけと思われがちですが、事業者の労務リスクマネジメントをすることも大切な仕事です。たとえば、事業主さんが従業員のために賞与を支給したり、懇親会を企画したりしているのに、従業員の方は全然やってもらえてないというミスマッチがときどき起きます。確かに賞与は支給しているけれど残業代は支給していない、親睦の意味で飲み会は子どもの世話が必要な従業員のことは念頭にない…従業員を雇った場合の様々なノウハウや労働法の知識が事業主に不足しているということが原因で離職が止まらないことがときどき起ります。そこで、最低限これはやりましょう、こうやった方がいいですよとアドバイスをします。その結果高かった離職率が下がり、平均勤続年数の上昇、従業員数の増加という好循環が生まれ、結果的に会社の基盤が安定してきましたと言われたときには、やりがいを感じますね。

失敗とコミュニケーション

　開業当初には失敗もありました。大風呂敷を広げて無料で依頼を引き受けたため、どこか「やってあげてる」という意識で仕事をこなしてしまい、ミスを発生させ信頼関係を崩したことがありました。また、急な依頼のときお客様の協力がうまく得られない。こちらは逼迫した状況の中で期限を守るために最善を尽くしたけれども修正が続き、お客様に不満を持たれたとか。お客様にとっては結果が全てですから。こちらの説明が不十分だったのです。どうすればお客様との行き違いを防げるかということを常に意識しながら仕事を進めていく必要があるのだなと痛感しました。このようなとき、冒頭のゼミOBの言葉、映画のワンシーンを思い出します。

　関わったお客様がより利益を上げるのはもちろんのこと、そこで働く従業員の皆さんがやりがいを持って働ける状態を実現することが私の目標であり、仕事と思っています。そして喜びもあります。関わりを持った当初、従業員2、3名だった会社が100名近くまで爆発的に増えた

ことがあります。会社が成長し躍動しはじめた時期、そこで働く従業員の皆さんが仕事に燃える瞬間。そこに私が関われたというのが嬉しいですね。

福岡県社労士会

オフの日は子供と遊んだりしていますが、常に知識を磨いていく必要があるので、研修会や勉強会によく参加します。福岡の社労士会は情報交換も結構活発です。また、出産で落ちた体力を増進させるために、3年前からランニングをはじめました。リレーマラソンの大会に出場するために、自主練として週2、3日は近所を5キロほど走っています。

開業当初は、私は育児中心の生活で、活躍されている先輩が沢山いらっしゃったこともあり、活発に交流会などに参加することもなく、どちらかというとなるべく目立たないようにしていました。今はこうしていろいろと活動できることがありがたいです。気に留めて声をかけてくださる諸先輩方にも感謝の気持ちで一杯です。

Profile 萩尾 倫美(はぎお ともみ)

福岡県出身 2001年社会保険労務士試験合格 2003年社会保険労務士登録。2004年ハギオ社会保険労務士事務所開業。従業員数2名。顧問先約50社。福岡大学大学院在学中に社会保険労務士資格を取得。「安心して話ができる存在であること」を合言葉に、粘り強く丁寧な仕事を続け、クライアントである地元の中小企業の顧客から厚く信頼されている。

取得資格 社会保険労務士／産業カウンセラー／キャリア・コンサルタント

名刺入れ

福岡大学卒業、福岡大学大学院修了時に大学から贈られた記念品の名刺入れです。社会保険労務士になるきっかけをはじめ、今日の自分を作ってくれた大事な場所を胸に仕事をしています。

Interview 30 number Samurai 17

中小企業診断士の資格には無限の可能性がある

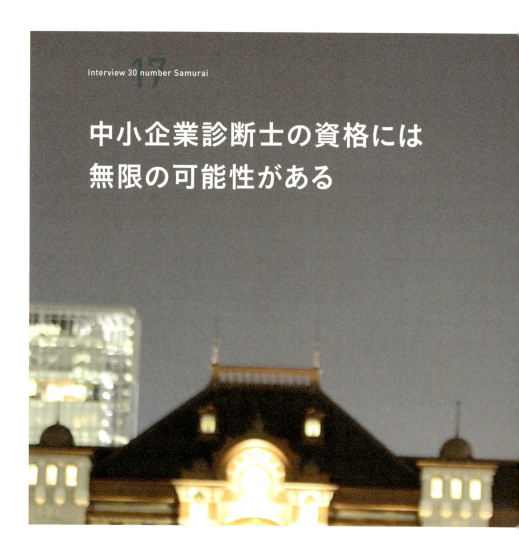

経営者を目指すも自分の取り柄は?

　学生時代は学校に通いながら生活費を稼ぐために、アルバイトをしていました。アルバイトを通じて様々な社会経験を得ました。特に印象に残っていることは、2歳年上の店長に、頻繁に高級車で遊びに連れて行ってもらっていたことです。「2つしか違わないのに、なぜ高級車に乗れるのだろうか……」素朴なギモンでした。その答えは「高級車に乗りたいのなら経営者になる」こと、そして「経営者になるには学歴は関係ない」という

ガンダムサムライ

山口 亨

中小企業診断士 7年

神奈川県　横浜市

ことでした。若さゆえの安易な発想ですが、そこで起業を考えました。

　しかし、起業するにも自分には何も取り柄がありません。時代はちょうどWindows95がブームになっていた頃でした。「これからはコンピューターの時代になる」と感じ、コンピューター関係の仕事に飛びつきました。必死に勉強して、プログラムやデータベースの設計、ネットワークやサーバー構築などの技術を学びました。また、「これからは英語が必須の時代になる」と感じ、学生時代のバイト先の先輩に習いバックパックを背負っ

てオーストラリアに行くことを決めました。

　帰国後、以前の上司の紹介で、外資系企業のIT担当者としての仕事に就くことができました。もともとネットワーク関係のインフラ系と、プログラムやデータベースなどのアプリ系の両方の経験を積んできたため、技術的なことについては自信を持っていました。しかし、基幹システムの導入に際しては、「ITの技術よりも、部門間の要求事項の調整の方が大変だ」という事実に直面しました。各部門の要求をすべて満たせば、全体最適にはなりません。感覚ではわかっているものの、それを理屈で説明できないもどかしさがあり、「ITではなく経営について根本的に勉強をしなければならない」と感じ、中小企業診断士の勉強を始めました。試験合格までには4年かかりましたが、その間、グローバル企業のITマネージャとして、世界各地の仲間とチームで仕事をさせていただき、海外にも頻繁に出張させてもらいました。

ガンダムと経営学

　2008年、中小企業診断士に合格した頃には、社内のIT環境も米国本社へ統合されるなど、自身の培ってきた技術やノウハウを活かせる環境が少なくなってきました。「自身の経験は、日本の中小企業にこそ求められるのではないか？」と感じ、本格的に独立を考え始めました。そこで、東京都中小企業診断士協会が主催するプロのコンサルタント養成塾「東京プロコン塾」に入塾させていただきました。実はこのプロコン塾では、隔月の担当で発表の時間がありました。テーマは自由です。私は経営戦略について掘り下げて勉強したかったため、ランチェスター戦略の発表をしました。しかし、これには諸先輩方から厳しいご指導を頂きました。そこで、「次回は年配の先生が知らないテーマにしよう」と考えました。たまたま自宅で『機動戦士ガンダム』を見ていた時、ガンダムと経営がつながりました。「国力が30分の1にも満たないジオン公国が、なぜ独立戦争を仕掛け、緒戦で大勝利を収めることができたのか？そしてなぜ滅んだの

Interview 30 number Samurai

か？」中小企業をジオン公国に置き換えると、中小企業の取るべき経営戦略が見えてきます。1年間のプロコン塾の集大成として発表しました。仲間が「これは面白いから本にしたらいいじゃないか」と言って出版社を紹介してくれて、『ガンダムに学ぶ経営学』が生まれました。

人×人＝無限の可能性

中小企業診断士の資格を取得すると、その先には無限の可能性が広がっています。自分の可能性や展望に不安を持っている人は、とにかくチャレンジしてみることが大切です。今できる精一杯のことに前向きに取組み、自分を信じてやり続けることが大切です。中小企業診断士としての知識はコンサルティングや、企業の中での業務推進ツールとして使えますが、大事なのは人と人とのつながりです。中小企業診断士になったことによって、人に出会う機会が圧倒的に増えました。仕事は一人ではできません。人との出会いをいかに大事にしていけるか。それが無限の可能性へとつながっていくのだと思います。

Profile 山口 亨（やまぐち すすむ）

愛知県出身 2007年中小企業診断士合格 2008年中小企業診断士登録。UTAGE総研株式会社代表取締役。IT化支援のコンサルティング、行政機関における創業支援や経営相談に従事。中小企業診断士として活躍する一方、『ガンダムに学ぶ経営学』や『ドラクエができれば経営がわかる』など、経営学をわかりやすく解説した人気書籍の著者でもある。

取得資格 中小企業診断士

 仕事の逸品

RHODIAのメモパッド

IT系の仕事をしているのですが、意外にアナログな部分が多いです。外資系で仕事していた関係もあって、昔からメモパッドはよく使用しています。最初はA4版を使用していましたが、使い勝手を求めて最終的には方眼のA5版に行き着きました。

30人のサムライ達 — 山口 亨

醍醐味は
夢を実現化する
サポートが
できること

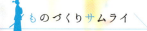 ものづくりサムライ

飯田 昭夫

弁理士 43年

愛知県 名古屋市

「ものづくり」から知った特許

　ブラウン管の白黒テレビで鉄腕アトムを見て育ちました。今の若い世代だと、ドラえもんになるのでしょうか。子どものころ、未来を描く漫画がいっぱい出てきて、こういう未来像があるのだと思っていました。「ほんとうにすばらしいな、こういうことができるようになるんだな」と考えていましたね。今は夢を描く人が少なくなってきています。もっと新しい夢を描く人が出てきてくれないかなあと思いますね。

　僕はもともとものづくりが好きで、小学校時代から電子メトロノームとか、鉱石ラジオをつくってコンクールに出したりしていました。まず、"つくる"ということが好きな子どもだったんです。

　父は大手企業勤務で技術士の資格を持っていましたが、弁理士の資格も取得し、独立した特許事務所を開業しました。子供のころは父がどういう内容の仕事をしているかまでは理解していなかった。ただ、夢が実現化する一つ手前の仕事をしているということは、薄々感じてはいました。父の特許事務所に企業の上層部の人たちが来ていましたしね。「こういう資格があると企業の上層部の人と直接対応ができるのだと上に行けるんだ」ということを感じることもありました。

　特許公報などが読めて、仕事の内容がきちんと理解できるようになったのは、中学高校時代だったでしょうか。そのころビートルズの時代でエレキギターが人気となり、どうやったらいい音が出るかとか、アンプはどういうふうに作られているのかを考えていると、父から、「全部特許をとられているよ」という話を聞きました。それで、「特許って重要なんだ」と実感したのです。

ものづくり×デザイン＝弁理士

　自分の将来を考えるころになって、自分でものづくりをするのがいいのか、父のように弁理士になって誰かが作ったものを世に出していくサポートをするのがいいかと考えました。また、絵を書くのも好きで、デ

ザインにも興味があった。デザインも工業所有権（現在の産業財産権）という法律で守られているということを知って、ものづくりとデザインという自分の興味が、弁理士という仕事で結びつきました。つくったり描いたりということ自体ではなく、自分の知識を活かして、世の中にあるものを広げていく仕事がしたいと目標を定めたのです。当時は、弁理士は法律系の資格でした。昭和60年ごろから技術系になったと思いますが、僕らの頃は法律系の大学に行きながら専門学校や夜学で技術を学ぶか、卒業してから技術系の大学に進むという方法で両方学んでいたんですね。「法律をベースにした技術」というイメージの資格だったんです。

　僕もできるだけ早く弁理士の資格をとりたいと考え、法学部に進学しました。大学受験をするにあたって、高校の先生が工業所有権の講座がある大学を調べてくれるなど、応援してくれて。予定通り、弁理士の資格は大学在学中に取得できました。学生の合格は3年ぶりぐらいだったようです。父親は僕が受験していることも知らなかったので、驚いていました。プレッシャーがあったら受からなかったかもしれませんね。

発明もした、留学もした。弁理士としてのこれから

　大学在学中に弁理士試験合格、22歳で登録しました。登録したら弁理士としての仕事ができますし、その後進んだ大学の理工学部の先生とコミュニケーションがとりやすくなるというメリットもありました。学生時代に、駐車場管理システムの発明に携わり、特許を取るという経験もしました。理工学部卒業後、米国特許庁審査官研修コース、ロースクール、米国法律事務所での研修を終えて名古屋に帰りました。帰国後、兄が父の事務所を継がないというので、僕が継ぐことに。米国での特許ビジネスの経験を経て名古屋で仕事をしていくうちに、日本は、知的財産に関する知識の格差が大きいと感じるようになりました。そこで、異業種交流会という仲間内の勉強会で話をするようになり、そのうち名古屋市工業研究所で、企業経営者対象の講義を持ち始めました。教えるのは

好きですし、この知財に関する認識のギャップをなんとかしないといけないと思ってのことです。こうした経験が、日本弁理士会の副会長になったときに花開き、数多くの役職を担うことにもなりました。５３歳のときに黄綬褒章を受章したのを契機にして、大学の同級生から誘われて、知財専門家を育成する大学院設立に協力すると共に正規の教授として教える機会も持つようになりました。

今後の自分の仕事の一つは、経験を活かして後進を育てていくことだと思っています。企業の育成は、特にやりがいを感じます。本当の弁理士の仕事のおもしろさというのは、これから伸びていこうとする中小企業をいろいろな面でサポートすることだと思います。特定の大企業だけを相手に業務を行う事務所もありますが、自分の意見が反映されて会社を一緒に大きくしていくのは、とてもおもしろいですよ。自分が見たものが製品となって世に出たときなど、本当に嬉しく思いますね。「夢の実現の一助となる仕事をしたんだな」と実感できます。

Profile 飯田 昭夫（いいだ あきお）

愛知県出身 1972年弁理士試験合格 1972年弁理士登録。いいだ特許事務所所長。名古屋の弁理士事務所の経営者として業務に携わる傍ら、教授（副学長）として都内の大学で教鞭を取る。実務家として自身の得た知識をふんだんに散りばめた知財教育を行い後進の輩出にも積極的に力を入れている。

取得資格　弁理士

仕事の逸品

計算尺

大学時代にこの計算尺を使い、数値計算などを行い駐車場の管理システムを開発しました。この開発したシステムを受け取った社長に非常に喜ばれ、当時は非常に高価だったパソコンを報酬として頂きました。そんな思い出のある一品です。

人の自由の形を作る、かたどる
お手伝いをしたい。

バックパッカーサムライ

安田 大祐

行政書士 3年

北海道 札幌市

Interview 30 number Samurai

30人のサムライ達 ── 安田 大祐

障害者向けサービスの申請代行

専門は障害福祉事業所支援関係です。最近多いのは、障害者を対象とする就労支援事業の開業・運営支援です。障害を持った方に対してサービスを行なっている事業所の指定申請や、運営上の相談対応、報酬算定の売上向上アドバイスなどを行っています。依頼者がビジネスを始める土台を作り、止まらずに走り続けられるようにするための伴走をする仕事です。実際に運営を始めて「苦労はあるけどなんとかやっているよ」という声を聞いたり、現場を見たりすると、少しは役に立てたかなと思います。嬉しいのは、私たちが直に接している人たちだけではなく、その事業者を利用する人たちが嬉しそうにそこに通っている姿を見た時です。自分の仕事が、どんどん周りの人にも影響していることを実感できた時、やりがいを感じます。

行政書士に受かって独立する時、こんな経験のない若造が仕事を頼まれるには、どうしたらよいかを考えました。「若いけれど、やったことあるの？」と不安に思うお客様を納得させるにはどうしたらよいか。まず今のバックボーンである精神科病院を経営する医療法人での勤務経験を活かそうと思いました。

医療法人の法人事業部に就職

私は学生時代から旅が好きで、バックパッカーとしてよく一人旅をしていました。休みになるたびに1ヶ月くらいふらっと旅立って、アジアやエジプトに行っていました。旅資金を貯めたいと思い、大学4年生の時にレストランのオープニングスタッフにアルバイトの応募をしました。そのレストランは、医療法人のグループ会社が新規事業として始めようとしていたお店でした。そこで出会った社長の下で働くうち、「俺のところに来い」と声をかけていただきました。経営者のまわりをうろちょろできる環境はなかなか得られないと思い、就職の内定はすべてお断りし、グループ本体の医療法人の職員として、社長の下で修行するこ

ととなりました。その医療法人は、精神科病院、高齢者・障害者向けの住宅、訪問介護、訪問看護、就労支援など全てグループ内でやっているところで、そこで得た知見を生かし、医療・介護・福祉分野に強い行政書士としてやっていこうと思いました。最近は取り扱っているところが増えましたが、保険制度・給付金の仕組み・介護福祉業界特有の事業所運営における法定基準の考え方など複雑な部分が多いことが参入障壁になり、当時は競合がかなり少なかったということもあります。

自分が知らない世界を見る面白さ

　バックパッカーの経験を通して得たことが、今の自分の基礎となっていると思います。海外の旅先で出会う日本人の方は、みな自分のストーリーを持っていて面白いんです。確かに危険な面もあるのですが、一歩前に踏み出せば未知なる世界が広がっている。でも多くの人にはその一歩を踏み出させない精神的なブロックがあるんじゃないかと感じます。それは、偏見なのか、情報不足なのか、臆病なのかは分かりません。私は、自分が知らない世界を見られると思うとわくわくするんです。人が新しい一歩を踏み出すためのきっかけや手段になりたいと思って、今の活動を行っております。

　行政書士自体にこだわりはありません。そもそも「行政書士になった」というつもりもありません。行政書士は、あくまで現時点で自分が使えるツールの1つです。資格という枠に囚われるのではなく、あらゆる手段を総動員して、関わる人の成功を実現させることにつなげることが大事だと考えています。

自由をかたちづくるお手伝い

　私が目指すところは「リブレ」。スペイン語で「自由」の意味です。関わる人の自由の形を具現化するお手伝いをしたい。自由を実現していけば、みなハッピーになれるのではないかという思いを込めて「札幌リブレ行政書士法務事務所」という事業所名にしました。自ら事業者になっ

たのは、さまざまな制約を外し、自分がやりたいことを実現できる環境が欲しかったからです。普通の会社に勤めていても、企画を立てて、稟議を通せばできることがたくさんあると思います。でも私は、100点の計画を作るより、60点くらいの計画でGOして、Try&Errorでやっていった方が良いと思っています。ちなみに、前述の医療法人グループの経営者はまさに「やりたいことをすぐに行動に移し、どんどん実現させていく」人でその姿を間近で見てきたことは、私が独立する大きなきっかけの1つとなっています。

　仕事をしていると、苦労はいろいろとあります。ランニング資金が尽きそうになり、融資の申込みをしたこともあります。プライベートの時間が取れず、業務に追われる状態に陥って、こんなはずではと思うこともありました。でも、やりたいことをやり、可能性を否定することに頭を使わない。面白そうだと思う種を見つけ、育てて花を咲かせるための行動をする。そうすれば全員がハッピーになれると思っています。わくわくすることを続けていきたいですね。

Profile　安田 大祐(やすだ だいすけ)

北海道出身　2011年行政書士試験合格　2012年行政書士登録。札幌リブレ行政書士法務事務所代表。医療法人の法人事業部にて勤務後、行政書士事務所を開業。前職の経験を活かし、介護・福祉事業に関連する業務に専門特化し道内でもトップクラスの実績を誇る。顧客の「リブレ(自由)」を実現するための経営理念の下に幅広いサービスを提供している。

取得資格　行政書士／2級ファイナンシャル・プランニング技能士／個人情報保護士

仕事の逸品

リボンで作られた金魚

仕事で関与しているお客様からプレゼントされたものです。このプレゼントをいただけるような関係になるまでに色んなことがありました。今ではこの金魚が来客スペースを見守ってくれています。

夢をあきらめない

ドリームサムライ

佐藤 雄樹
宅地建物取引士 11年
東京都 新宿区

相続に特化した不動産コンサルタントとして

　相続対策に特化した不動産業を経営しています。相続は、「終活」ブームに始まり、「相続ビジネス到来」と言われる程、注目されています。相続というのは法律だけでなく、税金や不動産、保険、年金、介護などの様々な分野に跨っており、各々の垣根を越えたコンサルティングが出来なければならず、総合的なコンサルティングが出来る方が非常に少ないと言えます。不動産は、資産構成におけるウェイトの内、企業で4割、個人では、6～7割を占めることから、不動産を起点とした相続コンサルティング業に意義を感じ事業を立ち上げました。

　特に強い思い入れのあるもの案件としては、「民事信託」を活用した案件があります。「家族信託」とも言われますが、平成18年に信託法が改正され、簡単にいえば、今まで信託銀行等が行ってきた業務の内、一定の目的・範囲内においては、家族や親族内等でも活用できるようになりました。例えば、両親と子供がいる世帯の場合で、父がアパートを所有しているとします。父が元気なうちに「自身が判断能力を欠く状態となった場合には、不動産に関する管理や処分を子に任せる」という内容の信託契約を交わすことで、元気なうちは父が主導権を握り、医師の診断により認知症と診断された場合、父に管理処分権を放棄させ、子に管理処分権を持たせ、管理処分権を持った子は、入居者から得る賃料より管理費等の経費を除いた利益を受益者である父に納めるといった具合です。民事信託がマッチするのは、認知症対策です。本人が認知症となり、家族が、本人名義の不動産を売却したい場合、家庭裁判所に後見人を申し立てたり、不動産の売却そのものについても申し立てを要します。また、必ずしも、家庭裁判所の許可が下りるわけではないというリスクも生じ、手続き自体も煩雑になります。しかし、事前に民事信託契約を結ぶことで、認知症になったとしても、子が主導となってアパートの処分ができるというメリットがあります。

但し、この信託制度は、認知度がまだまだ低く、取り扱える金融機関も極僅かです。私自身は、ご相談をいただいたご本人やご家族らとお話しを重ね、総合的に状況を判断し、信託の活用しかないと思い、踏み切りましたが、売買契約の締結から間もなく、ご本人の判断能力が低下し始めていたことから、結果的には、信託の活用に踏み切って良かったと思いました。実は、この案件、東京における民事信託を活用した不動産売却事例としては、第1号案件であったということで、業界紙をはじめ、各方面から取材や専門誌での掲載、講演の機会をいただき、多くの反響をいただいております。

サラリーマン時代のジレンマ

独立前は、三菱地所住宅販売の法人営業部にいました。社名は住宅販売ですが、「法人の三菱」といわれるように、売上の大半は法人のコンサルティングでした。入社後数年は、不動産市況も絶頂期でしたが、サブプライムローン、リーマンショックで一転し、金融ショックに始まりファンドバブルは崩壊し、不動産市況はどん底となりました。

私は当時、金融機関からの紹介で中小企業オーナーの相続対策やコンサルを担当していました。オーナーと深く関わり信頼関係も築くことができ、いざ、提案した有効活用に着手するというタイミングで、会社から疑念の声が挙がりました。提案内容を実施すると、計画終了迄に3年の月日を要し、私自身がこの案件にかかりっきりになること。つまり、営業マンである私に課せられる3年間の売上予算と比較した際、この案件から発生する売上が会社から見た水準に達しないということです。上司に何度も掛け合いましたが、サラリーマンとして会社をとるのか、クライアントをとるのか？という場面でした。結果的にはサラリーマンなので、会社の方針に従わざるをえず、最後まで見届けることができませんでした。この悔しさが会社を辞めようと思ったきっかけでした。

当時は、深夜2〜3時の帰宅が当たり前でしたが、仕事が大好きだっ

たので、全く苦ではありませんでしたが、平成21年の年末に、仕事を終えて帰宅すると、「辞めたいなら辞めて良いんじゃない？」と家内に言われ、吹っ切れるものがあり、独立を決心しました。

サラリーマン時代は法人相手ばかりでしたが、今は個人の方が相手です。個人の場合はその「人」、「家族」の一生がかかっている。中小企業の代表であれば、事業承継も絡みます。果たして、私は、どちらで役に立ち、幸せにできるか？と考えたとき、対個人であると確信しました。

不動産神話の体現者になる

日本人には不動産神話がありますよね。「夢のマイホーム」って言うくらい。日本人と土地や建物とは密接な関係があって、日本人に一番密接なものに関われるのは不動産業だと思っています。

私は、日本における相続コンサルティングの第一人者になりたい！そう、夢を叶えたいと思う人がもっと沢山居てくれれば、みんなハッピーになれるんじゃないですかね。夢を諦めない！前進あるのみ！

Profile 佐藤 雄樹（さとう ゆうき）

神奈川県出身 2003年宅地建物取引主任者試験合格 2004年宅地建物取引主任者登録。(株)brands代表取締役。法律・税金をはじめとした相続にかかる様々な専門分野の垣根を超えたコンサルティングには定評があり、税理士、弁護士からの相談件数は年間で400件超。(一社)東京都相続相談センターの理事も務め、セミナー・研修講師やコラムの執筆も行う。

取得資格 宅地建物取引士／NPO法人相続アドバイザー協議会　上級アドバイザー／公認不動産コンサルティングマスター　相続対策専門士／不動産証券化協会　認定マスター

仕事の逸品

グリル

BBQの本場といわれるアメリカで70％のシェアを誇るweber社のグリルです。蒸し焼きや燻製も可能で、火を通すのが難しいチキンの丸焼きもできます！シーズン中は月に1回以上、BBQ交流会を開催し、腕を振るっています。

Interview 30 number Samurai 21

司法過疎地域に行く

　人口約2万5千人の大分県玖珠郡。いわゆる司法過疎地と呼ばれるここ大分県玖珠郡九重町に事務所があります。出身は埼玉県なので大分にゆかりはありませんでした。日本司法書士会連合会が行う、司法過疎対策、地域司法拡充事業に応募してやってきました。
　現在、仕事で関わっているのは不動産登記や成年後見がメイン。あとは

司法過疎の地で取り組む
自分らしく
やりがいのある仕事

田舎サムライ

大野 祐介
司法書士 5年

大分県 玖珠郡

　相続財産管理人や不在者財産管理人も行います。相続対象の建物や土地の価格が低くて取り壊し費用のほうが高いので取得したがらないという、いわゆる空き家問題もあります。都市部では考えられない、地域独自の業務はいろいろあります。

　一生に何度出会うかわからないようなレアケースでは、一生懸命勉強しても、次に活かされない。次に同じようなケースに出会った時はまた一

から勉強…そんなしんどさもあります。数をこなさなければならないし、ほとんど休みはない状態です。

それでもここでやっていこうと思える理由は、地域の人のために貢献できるというやりがいですね。人に必要とされていると実感できるのは、やはりうれしいことです。

自分の一生と真剣に向き合えば

私は高校卒業後から働いており、フリーターの時期もありました。自動車を運転する仕事をしたいと思って22歳のときに「ルート営業」という職種を見て、名古屋の司法書士事務所に補助者として就職しました。司法書士の仕事に特別興味があったわけではありません。もともと体よりも頭を使う仕事をしたいという希望はあったのですが、何も知らずにこの世界に入ったということでは、偶然というか運命を感じます。

そこは、50人ぐらいの人が働く大きな事務所で、登記簿謄本を取りに行ったり、抵当権の抹消登記など、簡単な書類の作成を手伝ったこともあります。司法書士の仕事に出会うきっかけに関しては、事務所には非常に感謝しています。ただ、無資格の補助者として働いていたので、ステップアップしたい、もっと自分が納得できる方法で仕事をしたいと思い、一度埼玉に帰って司法書士の資格をとることにしました。運良く1回目の試験で合格し、事務所で勤務し、その後大分へ。

ここにしようと思った決め手は、隣に事務所を構える方が理想の先生だったことです。利益重視ではない考え方で、大変な仕事も引き受けていらっしゃいます。いっぱい稼ごうと思う人は、過疎地でそれを実現させるのはおそらく難しいでしょうね。自分と家族が食べていける分ぐらいでいいという考えの人には合っていると思いますが。

私自身は、「士業の資格を取ったのに休みなく働いて、そこまでたくさん稼げない」という現在の状況に、不満を感じてはいないんです。自分の一生は1回だけ。「資格をとったらこの仕事しかしてはいけない」と考え

るのは堅苦しすぎませんか？ もっと自由に、仕事も、勤務地も考えられるといいですよね。

地域も生き方も選べるのが士業

　資格試験をめざす方には、人から必要とされる生き方にもっと興味を持ってもらいたいなと思います。司法過疎まではいかなくても、地元に帰って仕事をするという選択肢も入れてほしいですね。東京や京阪、政令指定都市以外でも、地域密着で活躍されている先生はたくさんいます。世の中が「ほどほどに稼いで、ほどほどの生活をしよう」という流れにもなっています。「自分らしく」とか、「ワークライフバランス」という言葉も流行っていますよね。日本にも、弁護士や司法書士、行政書士など法に携わる人が足りていない場所、司法過疎と呼ばれる場所があります。そこで、その土地の人と一緒に汗を流すという生き方も、ぜひ考えてみてください。

Profile　大野 祐介（おおの ゆうすけ）

埼玉県出身 2009年司法書士試験合格 2010年司法書士登録。司法書士大分よつば法務事務所代表。名古屋市の大手司法書士事務所に勤務の後、埼玉県で司法書士開業。その後、司法過疎対策・地域司法拡充事業の一環で大分県玖珠郡九重町へ移転。地域独自の業務を数多くこなし、地元では欠かせない法律家となる。

取得資格　司法書士

仕事の逸品

サンダル

裁判所に行くとき以外はどこに行くのにもこのサンダルで行動しています。スーツを着ると良い具合にサンダルに見えないのがポイントです。冬場は足湯に浸かることもあるのでサンダルだと非常に便利です。

普通の人ができないこと

　売れないモデル。大学時代、みんなが就職活動をしていた時、私は何も考えていなくて、やりたい職業もなかったんです。親に「会社勤めは大変だぞ」と言われていたので、「じゃあダメ元で普通の人ができないことをやってみよう」と思い立ち、モデル事務所のオーディションに応募したんです。「これに落ちたら就活しよう」と思っていたら、オーディションに合格していました。大学を卒業してモデル事務所に入った後も、

Interview 30 number Samurai

22

今度は私が
大丈夫だよって
言うんです

モデルサムライ

田中 明子
土地家屋調査士 1年

神奈川県 茅ヶ崎市

　仕事を得るためにせっせとオーディションを受け続けましたが、結果は売れない「自称モデル」。

　ある展示会のファッションショーのオーディションに受かり、そのショーで使ってもらっていましたが、ある時、「自分はモデルではダメだ」と気付いたんです。そこで、そのショーで使ってくれていた会社の社長に「モデルを辞めてOLになりたいので雇っていただけませんか？」とお願いし、アパレル会社へ就職。モデル歴3年、OL歴3年です。

調査士の現場手伝いがきっかけに

　父親は私が生まれる前から調査士で、私は高校生の頃から現場を手伝うようになりました。ミラーやテープを持ったり、書類のゴム印を押したりしていましたね。夏に半袖で竹やぶの現場に入ったら、40箇所も蚊に咬まれたこともありました。手伝っている時、父に「資格をとるなら司法書士が儲かるから良いぞ」と言われて、いつしか司法書士になりたいと思うようになりました。

　元々私はハマると出てこられなくなる性格なんです。子供の頃、ゲーム『ファイナルファンタジーⅧ』をやり込み過ぎて、パソコン画面の保護フィルムがパーンと弾けてしまったくらい。逆に興味のないことは一切やらない。型に嵌められるのがイヤなんです。だから、将来も自営業が良いと思っていました。自営業なら休みたい時に休んで、仕事があれば仕事をする。子育てもしやすい環境だと思ったんです。

　そこで、司法書士を目指しました。でも大学在学中に受験したら落ちてしまったんです。それなら調査士を取ろうと思い、モデル業の傍ら調査士の試験の一部が免除になる測量士補の資格を取りました。でも調査士はダメでした。

　OL時代も少しは勉強したのですが、仕事をしながら勉強するのは想像以上に大変で、体を壊して無理だと悟り、勉強を放棄しました。しかし、数年後、母が亡くなり私が実家に戻ったのをきっかけに、「もう一度受験しよう」と思い立ち、会社を辞めました。

司法書士、調査士のダブルライセンス

　会社を辞めた後の一回目の受験で司法書士に受かったのですが、もし落ちていたら二度目はなかったですね。私はガラスのハートなので、立ち直るのに時間がかかるんです。試験勉強中は、飲み会や遊びの誘い一切を断り、勉強だけに専念しました。「早く合格していい男を見つけて結婚する！」と念じて勉強していました。司法書士は30歳、調査士は

Interview 30 number Samurai

30人のサムライ達――田中 明子

31歳で合格していました。早く合格できたのに、未だに独身です（笑）

今は父と一緒に自宅事務所で仕事をしています。一人だと心細くて。どうすれば良いかわからなくなった時に、父は「大丈夫だよ」と言ってくれます。でも逆に父の方がそうなった時に、今度は私が「大丈夫だよ」と言うんです。お互い支え合っているんだと思います。

扱っている案件は別々で、自分でもらってきた仕事は自分の報酬にするという形です。測量の時に助け合うことはありますが。父は調査士試験に合格した直後、勤めていた会社が倒産したためいきなり開業し、右も左も分からない中、見様見真似で調査士をやってきました。もう30年続けています。だからわからないことを安心して聞けますね。

将来は、司法書士と土地家屋調査士の資格を活かして、土地に強い事務所にしたいと思います。土曜も相続の相談でお客さんのところに行ったり、書類を作ったりしているので、休みはなかなか取れないです。いつの間にか、当初思っていた自営業の考えと逆になってますね（笑）。

Profile　田中 明子（たなか あきこ）

神奈川県出身 2013年土地家屋調査士試験合格 2014年土地家屋調査士登録。司法書士・土地家屋調査士田中明子事務所代表。司法書士資格を活かし、土地・建物に関するワンストップサービスを実現。現場には自ら出向き、作業服で境界標を探して塀に登り、時には穴を掘ることも。また、土地家屋調査士会の広報活動等、会務にも積極的に携わっている。

取得資格　土地家屋調査士／測量士補／司法書士

仕事の逸品

手帳

手帳に情報を集中させているため、手帳がないと仕事になりません。毎年、使いやすさや大きさに拘って買い換えています。

仕事も勉強も趣味も、
そして自分の信念も、
今、ひとつずつ実現している

ツーアップサムライ

二上 剛志
行政書士 3年
大阪府 大阪市

銀行から病院へ

　占いの先生に立ち上げる事務所の名前を相談したら、「ツーアップにしなさい」と言われたんです。名前の「二上」と、「クライアントに価値とゆとりを提供し、ともにステップアップすること」という事業理念を11画に込めた事務所名です。ここ淀屋橋には、私がかつて勤務した三井住友銀行大阪本店もあり、このあたりには、住友グループのビルがたくさんあります。この場所には何か因縁があるんでしょうね。

　三井住友銀行では、17年間働きました。融資業務を中心に仕事をしていたため法律系の資格に興味を持ったのですが、とにかく仕事が忙しすぎて勉強する暇などありませんでした。その後、住友病院に期限付きで派遣されましたが、そこでの仕事が面白くて、結局転籍しました。

　配属された病院の企画室は、中期経営計画を作ったり、経営方針を決定したりするなど、経営の中枢を担う重要な部署です。事務長や職員、ドクターや看護師などの医療スタッフと、どういう風にしたら患者が増えるか、どういう患者層を狙うか、経営方針としてどういうことをやってゆきたいか等を話し合いながらやっていました。経営計画を作るときは、外部の監査法人と打合せしたり、マーケティングをやったり。一般財団法人へ移行する際には許認可庁と2年ほどやり合いました。電子申請も経験し、定款の作成からガバナンス体制のプラン立案もやりました。このような業務や手続きを任されているうちに、行政書士って面白そうだなという思いが募ってきたのです。

組織の歯車から独立開業へ

　私が勤めた銀行は、ひと言で言えばドラマ「半沢直樹」の世界でした。お客様より銀行の利益や組織優先。部下の手柄は上司の手柄。自分の信念に反してお客様のためにならないことや言いたくもないことを言う。それが辛かった。お客様のために頑張りたいという気持ちがなかなか実現できないジレンマ。また、自分の意思など関係なく突然命じられる転

勤。これで良いのかという思いが日に日に募っていきました。一方派遣先の病院の企画室では経営者の相談相手や企業内コンサルタントとしてアドバイスをする立場だったのですが、自分の企画が実現した時は、銀行の時には経験したことのないやりがいを感じました。ようやく念願が叶って宅建や行政書士の資格を取ることが出来ましたが、はじめは試験に受かっても独立するつもりはありませんでした。しかし次第に、自分の夢や信念があるのなら、独立開業した方が面白いんじゃないかと思えてきて、ついに事務所を立ち上げたのです。

元銀行マンの知識を活用

　いまは、遺言・相続、起業、会社設立、各種証明書、契約書作成という順番で業務が多いですね。起業支援では創業融資のサポートも行っています。融資申し込みの際、金融機関から質問される事柄を想定しつつ依頼人と面談のロープレをしたり、遺言や遺産の代行手続きを行う際に銀行が要求してくることを用意したり、金融機関ごとの提出書類の違いなどに即応したり。銀行窓口の人と上手く調整を図っていく。銀行組織の内側を知っているからできます。遺産分割の際に資産状況も金融機関から情報がきますが、たとえば投資信託がどういうものかもわかっているから工夫ができる。また融資畑にいたから不動産謄本の見方から評価方法までのスキルは身についていました。遺産相続で出てくる遺留分減殺請求では、財産調査する際に金融機関での知識をもって調べたり。そういった分野で、元銀行マンの自分の職歴を十分活かした仕事ができていると思っています。

　行政書士登録、開業して３年。開業当初は集客には苦労しましたが最近になってご紹介の依頼も入るようになりました。いまはネットからと紹介が半々くらいでしょうか。キーワード検索を工夫したらネットからの依頼も増え、遠くは神奈川県や高知県まで行ったこともあります。

　この仕事を始めて改めてお金で買えない信用の大切さを実感しまし

た。最初は依頼人の懐には入り込めないし、信用もしてもらえない。でも、ある程度自分の経歴を説明した上でさらに期待以上の成果を出せたら、それが一番の信用になると思っています。

オンとオフ

　私の事務所は年中無休にしています。週末に事務所に来て話したいというお客様がいらっしゃったので、思い切って土日対応にしました。民事系の仕事は土日指定の相談が多いですね。でもオフは結構あり、趣味でサックスをやっています。もともと音楽が好きだったから、なにか楽器をやりたかったんです。レッスンを受けながら、仲間とともに演奏したり、セッションしたりと楽しんでいます。

　振り返ると、銀行マン時代にできなかったことがたくさんありました。犠牲にしてしまったこともたくさんあります。いま資格を取って生業とし、もうひとつのスタートを切ったところです。仕事も勉強も趣味も、そして自分の信念も、ひとつずつ実現しています。

Profile　二上 剛志（ふたかみ つよし）

富山県出身 2010年行政書士試験合格 2012年行政書士登録。行政書士ツーアップ法務事務所代表。1987年住友銀行（現三井住友銀行）入行。2005年住友病院に出向。2008年三井住友銀行を退職し住友病院に転籍。住友病院を退職し独立。豊かな実務経験を活かして真に依頼者の立場で行動する行政書士として活躍中。

取得資格　行政書士／宅地建物取引士

仕事の逸品

事務所のロゴマーク

事務所の冠名であるツーアップのロゴマークです。偶然ではありますが、事務所の前の道とロゴマークが同じような形になっているのも隠れたポイントです。

Interview 30 number Samurai

スーパーエースサムライ

寺嶋 卓

社会保険労務士 7年

東京都 荒川区

転職と試験

　会社を辞め社労士の試験勉強を始めて2年目、自分が苦しんでいるとき、専業主婦のかみさんがのほほんと生活している。頭に来て「お前も今から勉強しろ！」と言って、一緒に社労士試験を受験させることにしたんです。予備校にも通わせて、彼女の勉強のしかたにはダメ出しをしながら。かみさんは、僕に相当腹が立ったらしく、その怒りのエネルギーを勉強に向けたら、なんと半年で受かってしまったんです！僕も同時に合格したんです

30人のサムライ達 — 寺嶋 卓

「それはうちの仕事じゃない」だけは、絶対言わない

が、2年かかっていますからね。結果論としてはよかったのですが、そのときから夫婦のパワーバランスは変わりました(笑)。

　化学科の大学院卒業後、こもって化学の研究するような仕事は自分には向かないなということがわかり、営業職で就職しました。そんな自分が社労士の試験を受けることにしたのは、いくつか理由があります。いつかは経営者になりたいという希望があったことが一つ。それから、2人の幼なじみが税理士と司法書士になって、うちの家業が社労士事務所である事

を知っていたので、「将来、一緒にコラボレーションできたらおもしろいよね」と連絡してきたこと。さらに、勤務していた会社ではそれなりの評価も受け、仕事も面白かったのですが、思うようにはいかないサラリーマン生活に不満もあり、会社を辞める決心が固まりました。

　仕事をやめてからの1年間は、かっこ良く言えば充電期間。今後の自分は死ぬほど忙しくなるという覚悟があったので、1年間は遊ぼうと。貯めたお金で生活し、八重山諸島に旅行したり、海外ドラマ『24』をリアルに24時間徹夜で見たり（笑）、気ままに暮らしました。

「人」に関するプロフェッショナルとして

　試験に合格した翌年、事務所の代表になりました。社労士の仕事＝書類を書くことだと思っている人が多いですがそれだけに留まらず実は会社の「人」に関することは、すべて社労士の仕事の範疇です。社内の喧嘩を止めたり、採用面接に立ち会ったり。就業規則・給与の取り決め、人事考課制度の運用などなど。それに加えて、僕は社長の息子さんの結婚相手も探します(笑)。趣味でやっていますが、後継者がいなければ会社は繁栄しないので真剣。これまでに10組ほど結婚のお世話をしてきました。

　今いる事務所のスタッフには、「『それはうちの仕事ではありません』だけは、口が裂けても言わないように」と言っています。困っているからうちに相談に来られるのに、それを言ってしまったらそこでおしまいですから。

　お金をいただいているにもかかわらず、「ありがとう」と感謝される、こんないい仕事はないなと。感謝されるって、一番のモチベーションになりますからね。もちろん、中には人間不信になるような事案に直面し、人間のどす黒い部分に踏み込んでいって胃が痛くなることも。でも、解決したあとの「ありがとう」は、やっぱり嬉しい。また、マーケットが大きいのも魅力です。日本の中小企業は430万社ありますが、そのうち社労士を使っている会社は約5割。まだまだマーケットは開拓できる、未来のある資格だと思います。

Interview 30 number Samurai

父の思いと理系人の自分

　10年以上の長いスパンで企業が少しずつ良くなっていくところを見られるのも大きな喜びです。父の代からのお客様で、少しずつ啓蒙していって、法令遵守の会社になっていった会社があります。父は、白黒をはっきり分けるのではなく、グレーの中で「ここまでやると黒になる」という、「グレーの線引き」ができるのが資格を持っている意味だと言います。たぶん、仕事と同時に父の思いも引き継いだのでしょうね。

　大学院で研究したことが直接仕事に繋がっていないので、父には学費を返せと冗談で言われますが、実は理系で研究をしたことは大いに役立っています。理系ってどこまでいっても理詰めなんです。法律も同じ。この仕事は理系の人間も向いているんじゃないかな。ただ、最後は感情です。理詰めだけでは無理で、感情論で話をするのが王道。理屈と感情をうまく使い分けることが必要な仕事だから、大学で学んだことは無駄じゃなかったと思いたいですね。

Profile　寺嶋 卓（てらしま たく）

東京都出身　2008年社会保険労務士試験合格　2009年社会保険労務士登録。寺嶋社会保険労務士事務所代表。荒川区で50年近く続いている老舗の社労士事務所の3代目代表。「中小企業の未来を創ろう WORK FOR WORK」をモットーに企業とそこで働く人（WORK＝企業AND働く人）のために日夜業務に励み、質の高いサービスを提供している。

取得資格　社会保険労務士

時計

前職を退職した際に購入した時計です。3～4年に1回オーバーホールして、10年以上使い続けています。いろんなお客様にお会いすることがあるので、時計やボールペンなど、目に入ることの多い小物には拘っています。

30人のサムライ達――寺嶋 卓

「旅館を継がなくていいよ」
その一言から士業の道へ

ヴィーナスサムライ

湯本 圭
司法書士 4年
埼玉県 さいたま市

30人のサムライ達 ―― 湯本 圭

さあどうしよう… 資格を取ろう

実家は長野の旅館。漠然と東京に出たくてなんとなく法学部を受け、東京の大学に進学しました。将来は長女の私が長野に戻って旅館を継ぐのかなと思っていたんです。ところが大学生のときに「継いだほうがいいんだよね」と親に確かめてみると、「継がなくていい」と言われたんです。何をしたらいいのかわからなくなってしまいました。自営業の家で育つと、会社勤めで一生を終わるという自分を想定しづらいんですよ。自分で何かをやるほうが自然なんです。でも、そのときの自分は何もできないし、困ったなと。それで、資格を取ろうと思い立ったわけです。

親から大学卒業後は一銭も出さないと言われていたので、ロースクール制度がある弁護士は選択肢から外れました。調査士は図面が苦手、弁理士は存在を知らなかった。税理士や会計士は、簿記の本を読んで向いてないなと。そうすると、行政書士と司法書士の2つしかないんです。とりあえず手が届きそうな行政書士をめざし、大学4年の時に合格しました。でも、行政書士で食べていくには、営業力が必要なんです。私にはそんな力はない。無理。そのまま大学を卒業し、「あ、働いていないな、まずいぞ」ということで、司法書士をめざすことにしたんです。資格予備校の教材作成のアルバイトをしながら、司法書士の講座を受講し、2回目の受験で合格しました。

実は、結婚相手はそのときの予備校で知り合ったんです。同じバイトをしていて。夫は司法試験を受けて合格し、弁護士になりました。

若い女性だから不安？逆転の発想！

私は3年半ぐらい司法書士事務所に勤めた後独立し、現在は夫と一緒の事務所で仕事をしています。私の仕事の内容は、ほぼ不動産登記。お客様は、ほぼ紹介による依頼です。積極的な営業はしていません。それでも仕事は増えており、今後は法人化して、もう少し事務所を大きくしたいと思っています。相続などにも手を広げていきたいですね。

司法書士になったばかりのころは25歳ぐらいでしたから、お客様には「こんなに若い女性で大丈夫？」と不安を与えることもあったようです。ちゃんと仕事をしているところを見てもらうと「若いのにえらいね」という評価になるんですが、最初の印象がどうしても頼りなく見えてしまったのでしょうね。逆に、「若いから話しやすいね」と言ってもらえることもありました。年配の司法書士の方だと、聞きたいことも聞きづらくて気軽に話すこともできず、銀行で行う決裁手続きの場が重い空気になることが多いんですよ。また、女性の数が少ないこともあり、特別なことをしなくても1回会うだけで覚えてもらえることはメリットだったのかもしれません。

期待値を超えるクオリティで提供を

　この仕事のやりがいって、書類作成において一言一句間違えてはいけないので、仕事自体の面白さよりも、間違いなく仕上がった時の安心感のほうが大きいです。お客さまが喜んでくれるのは嬉しいですけどね。私が仕事上で一番大事にしていることは「お客様の期待を上回る仕事をすること」です。忙しくても、仕事が雑にならないように常に気をつけています。ただ、決済日が指定されるので、時間的な苦労は感じます。土日も仕事が入ってくるので、忙しい月は、月に1日しか完全休業日がないことも。司法書士の世界ってまだ紙媒体が主流なんですよ。ちょっと古めかしい感じですが、メールよりも電話。基本的にお客様とのやりとりは電話か直接会うかということになるので、土、日、祝日でも電話がかかってきて、お客様と会う必要があるときには日を選ばずに予定を入れます。ただ、持ち帰って家で書類作成の仕事をすることはありません。平日は、朝9時半ごろ事務所に出て、帰りは21時ごろが多いかな。忙しいときは夜中の0時過ぎまでやることもありますが。

　弁護士の夫が同じ事務所で仕事をしているので、何かあった時に聞けるという安心感はあります。仕事でつきあいのある不動産屋さんにも、

Interview 30 number Samurai

旦那が弁護士だと伝えてあるので、トラブルが起きた時に相談できるというのは、お客さんにとっても心強いことかもしれないですね。一つの業務を2人でやることもあります。不動産に関する法律問題についてワンストップで仕事を行えるのは、当事務所の特色です。

自分のスタイルと家族のサポート

ときどき、サラリーマンは楽でいいなと思うこともありますが、上司を選ぶことができないし、私には無理だろうなと思います。また、仕事に対しては心配性なので結局何でも抱えてしまうから、自分で引き受ける今のほうが向いているんでしょうね。

オフのときは、大好きな買い物を楽しみます。夫婦で働いていてどうしても家事がうまくまわらないので、週に2回ほど家事が得意な妹に来てもらって、掃除や洗濯、食事作りでサポートをしてもらっています。フレンチブルドッグを飼っているんで、犬の世話もしてくれています。

Profile 湯本 圭(ゆもと けい)

長野県出身 2009年司法書士試験合格 2011年司法書士登録。湯本司法書士事務所代表。都内、さいたま市内司法書士事務所勤務を経て、2013年湯本司法書士事務所開設。谷垣法律事務所と共同オフィスで業務を行う。さいたま市を中心に関東一円をフィールドし、「お客様の立場に立って、丁寧かつスピーディーな業務」をモットーとしている。

取得資格 行政書士／司法書士

仕事の逸品

手帳

金運が上がるのでは？と思い黄色の手帳を購入しました。効果があったかはわかりませんが、土日も仕事の対応をしなければならないくらい依頼をいただくことが出来ています。

調査士として札幌の頂点に立ちたい

北のサムライ

鹿士 憲司

土地家屋調査士 14年

北海道 札幌市

Interview 30 number Samurai

30人のサムライ達 ── 鹿士 憲司

転機となったあの一言

　中学生の頃から10年間プロテニスプレーヤーを目指していましたが、才能に限界を感じ、社会人になって販売業を2年ほど経験しました。そこで物を売る大変さを痛感して自分には向いていないと気付きました。祖父が札幌の土地家屋調査士では草分け的な存在で、60年の歴史がある事務所を経営していましたが、2代目の父親は資格を持っていませんでした。そこで、誰かが土地家屋調査士を取らないと廃業になるという問題が起こり、私は25歳で父親の会社に入社しました。それまでは全く興味がなかったんです。

　そんな折、同じ境遇で3代続いている司法書士の事務所の3代目が、司法書士に合格したと聞きました。当時私は29歳で、その司法書士さんが26歳。彼の合格をお祝いをした時、「憲司さんも土地家屋調査士を取ってお互い3代目として頑張ろうよ」と言われたんです。それが私の転機になりました。「そうか！」と体に電気が走りました。それまで親や親戚から、「資格取らなきゃダメなんじゃないの」と何度言われてもその気にならなかったのに。もし彼があの祝いの席で言わなかったら、私は資格を取らなかったかもしれません。30歳で測量士補を取り、それから3年かかって土地家屋調査士の資格を取りました。

土地建物を見る面白さ

　土地家屋調査士の仕事は、大きく分けて二つ。一つ目は売買された土地の測量。二つ目は建物を新築した際に表題登記と呼ばれる登記申請を法務局に提出します。司法書士と違う点は、司法書士は本人確認のため、お客さんと会うのですが、実際の不動産を見ることは、まずありません。銀行の応接室の中でお客様から印鑑証明をもらい、本人確認をしておしまいです。ところが土地家屋調査士は、測量・登記どちらも必ず土地や建物を見に行きます。だからたくさんのデザインや造りの土地・建物を見る面白さがありますね。

もちろん、土地の測量にも行きます。三脚の上に大きいカメラのようなものが付いたトランシットという機械から、何十メートル、何百メートル先に置いてあるレンズにレーザーを飛ばして、跳ね返ってくる時間で距離が何メートルあるかを測ります。

境界で揉めているとき

土地の測量で辛いことは、測量の依頼主とその土地と接しているお隣の地主さんが揉めている場合です。「この土地を測量するために境界線近くを歩きますのでよろしくお願いします」と挨拶しますが、その時点で「測量しないでくれ」と言われる事もあるんです。基本的には本人同士で解決してもらいますが、それでもダメな時は、我々が代理人として交渉をします。測量の最後に境界石という十字のマークが入った四角い石を入れさせてもらうのですが、揉めていたら石を入れさせてもらえません。でも私は有資格者になって13年間、受けた測量で境界標が入らなかったことは一度もないです。

境界が決まった結果、隣の人にとって不利な結果になることもあります。本人は自分の土地をここまでと思っていたのに、実は足りなかった、という場合です。しかしどうしてもそこに杭を打たなければならないわけです。様々な方法で納得してもらいますが、非常にデリケートな問題です。石を入れた後に作成する「この境界で合意しました」という境界証明書に判子をもらうために数ヶ月通い続けたことがありました。何回も何回もお酒を持っていったり、世間話をしたり。いろんな話しをする中で、ある日突然、「判子どこに押せばいいの？」と言われたりするんです。人間誰しも、分かって欲しいという気持ちがありますが、日々の業務の中で仕事に関わった人たち全てを理解することは難しく、「ハイ判子をお願いします」という流れ作業になりがちです。しかし、先の話のように時間をかけ人間的なお付き合いをしていく中で、判子を押していただくという苦労と達成感もあります。

土地家屋調査士の世界で測量などをして紛争が生じている土地を係争地（けいそうち）と言いますが、裁判になったら調査士として力不足だった、すなわち負けなんです。土地家屋調査士とは不動産取り引きを、裁判によらずに解決するスペシャリストです。弁護士よりも不動産取り引きに詳しいので世の中から需要（お仕事）があるのです。

頂点に立って自社ビルを

私の目標は二つあります。一つ目は、調査士として北海道の頂点に立つこと。調査士会の役職に魅力を感じないので、事業の成果を極めたい。二つ目は自社ビルを建てること。ビジネスの成功の形として、自社ビルを持つことが今の目標です。現在は祖父が他界し父は引退したので国家資格者・事務所代表者として精進しています。

これから国家資格者を目指す方、国家資格者として事務所を大きくしたい方、いつでも相談に乗ります。一緒に頑張りましょう！

Profile 鹿士 憲司（しかし けんじ）

北海道出身 2001年土地家屋調査士試験合格 2001年土地家屋調査士登録。土地家屋調査士鹿士憲司事務所代表。20年を超える実務経験を基に現在も現場の第一線で不動産の測量・登記業務に携わる。土地境界紛争の解決率は100％を誇り、どんな依頼でも最後まで誠実な対応をする北海道随一の調査士である。

取得資格 土地家屋調査士

仕事の逸品

三角スケール・関数電卓

三角スケールと関数電卓は調査士の必需品です。パソコンやタブレット端末をはじめとする便利な電子機器を使うことが多くなりましたが、実務の世界ではこういった道具を必要に応じて活用しなければなりません。

Interview 30 number Samurai

10年間のブランク

　会計士になって、外資系監査法人に勤め始めましたが、子どもを産むと同時に辞めてしまいました。当時は子どもを産んだ人間が働き続けることが難しかったのです。

　退職はしたけれど、結局、専業主婦の期間はたった3ヶ月でした。専業主婦落ちこぼれですね。

　子どもと二人っきりで家に居るのが自分には合わず、監査業務のパート勤務をしながら子育てをする時期が続きました。現場に出て知識を得続けなければ置いていかれるという焦りがあったからです。しかし、パートの立場では重要なことを任せられなかったので、結局バブルがはじけた頃に辞めてしまいました。

　10年間程のブランクを経て会計士として再び現場に戻った時は、浦島太郎状態でした。クライアントはいなくなり、新しい知識には疎くなっていて。でもこれは環境のせいであって私の能力とは関係ない、ずっと男の人と同じように仕事を続けていたら、こんな状況には陥らなかったはず、という思いが強くありました。自分で選んだことだとわかっていながらも、悔しかったです。この頃はくよくよしっぱなしでした。でも、たくさん悩んで考えないと、いっぱい頑張れないんです。この時期は、思う存分くよくよしていました。

仕事と子育て

　でも、子どもにとっては良かったと思うこともあります。たとえば、子どもが小学生の時は、事務所が近かったので夏休みに一緒にお昼を食べていました。切り替えはできる人間なので、仕事は仕事、子育ては子育てと思っていました。

　また、会計士受験を通し、勉強はやり方が8割だと感じ、子どもたちには事細かに勉強を教えるのではなく、勉強のやり方だけを教えるようにしました。上の子はそれに従ってやっていたけれど、下の子は違い

30人のサムライ達 ── 中田 ちず子

ました。でも下の子も 20 歳になる頃から勉強し始めたんです。なぜそんなに勉強をしているのかと聞いたら、「お母さんいつも勉強していたじゃない」と言われてちょっと嬉しくなりました。私の事務所のスタッフだった女性税理士も、私の姿を見てその後会計士になったといっています。

私は、子供を育てること、仕事をすること、私という人間として生きることは全て違うと考えています。私の歳くらいになると、男性は勲章が欲しくなるとよく聞きますよね。女性はどうなのだろうと考えた時に、私にとっては子どもが勲章のようなものだと思ったんです。子ども二人がちゃんと育ったことが私の勲章なので、人生はもう目的を達成したと思っています。これからは、仕事を思い切り楽しみたいですね。

監査で学んだ事、「数字」を活かす事

監査という仕事は、会社の問題点を炙り出すにはとても良い手法です。最初の監査法人は残業が多く大変でしたが、監査の仕事を学ぶことができたので、今のコンサルティングにも生きています。会計士は業務の幅が広いので飽きっぽい自分でも今までやってこられました。コンサルや M&A にも監査の経験も会計の知識がとても役立っています。

時々考えるのですが、数字そのものより、数字を通して人間と関わっていると思うんです。例えば M&A や会社の経営をする立場にある方に対して、数字を通して自分の知識を活かしながらアドバイスし、「本当に助かった」と言ってもらえる時、とてもやりがいを感じます。何か困っている人に対して、自分の知識を活かしながらその問題の解決方法を提示してあげられることが、大きな喜びですね。

お客様との信頼関係

私から仕事を断ることは滅多にないですが、それでも数回はお断りしたことがあります。それは、信頼関係を築くことができそうにない方です。例えばスタッフに対して、あれもこれもやって欲しいと無理難題を

ごり押しをする方。士業という仕事は、お客様との間に信頼関係がないと円滑に進みません。信頼関係があると、お金の問題は関係なく、より専門的な知識を提供してあげたくなるし、先回りしていろんなことを考えてあげたくなります。

　会計士をやっていて感じることは、会計士は、他人のプライベートな金銭事情を知ってしまう仕事でもあるということです。普通の人ならあまり知る機会はないですよね。お金の使い方を見れば、その人がどんな人なのかがわかってしまうんです。例えば、交際費をどういうところで使っているかで、この人は恐らくこういう趣味があるのだろう、ということがわかったり、お金が入ると家族と食事に行く人は家族思いなんだなと思ったり。会っただけではわからないことが、生のデータを通して伝わってくるんです。見ているのはお金だけど、その先にある生活が見える、人間が見えるということですね。

Profile　中田 ちず子（なかた ちずこ）

新潟県出身 1984年公認会計士試験合格 同年公認会計士登録。中田公認会計士事務所、(株)中田ビジネスコンサルティング代表。非営利分野の専門家として知られ多数の書籍を執筆・監修、全国で講演を行っている。上場会社の社外監査役、公益法人の監事等、多数の公職も歴任。スイミング歴20年超。週1回1,000mのスイミングを欠かさない。

取得資格　公認会計士／税理士

仕事の逸品

カバン

執筆に必要な数キロにもおよぶ重たい書籍を何冊も持ち歩くときに、良い鞄が無いものかとずっと探していて、やっと見つけることができました。この鞄は頑丈で非常に軽い素材なので、大量の書籍を持ち運ぶのが少しだけ楽になりました。

私はバッヂをつけない。「川嵜さんだから頼みます」と言われる仕事を受ける

ロジカルサムライ

川嵜 一夫

司法書士 9年
新潟県 新潟市

Interview 30 number Samurai

30人のサムライ達――川嵜一夫

司法書士を目指した

　法律を極めたいとか、弱者を助けたいとかはさらさら考えていませんでした。新潟に戻れと言われたとき、地元ではコンサル会社などないから何か自営業をやろうと思いました。ラーメン屋や花屋では自分は食えないだろうけど、法律職ならコンサルティング的な仕事ができそうだと感じ、資格の本を見ました。修習期間がある弁護士ではすぐに家族を食わせられないからだめだと。そしたら次の頁に年収1400万円の司法書士がありました。受かったらすぐに開業できるし、これだなと。ところが私はエンジニアでしたので法律のホの字も知らなかった。「登記ってなに？」だったんです。

　高校生のとき、父の会社が立ち行かなくなりました。高三の１２月末に倒産して両親が離婚したんです。兄弟と母親のために働くしかないと思い、受験勉強を止め、昼は工場勤め、夜は中学生の家庭教師をやりました。ただ、教え子たちが合格してゆくにつれ、やっぱり自分も進学したいという思いが募り、４年間で貯めた貯金をはたいて東京の大学へ入りました。家計に負担を掛けないように塾講師のアルバイトをしているうちに人に教えるのが好きな自分に気づき、将来は人に教える仕事がしたい、何があるだろうと探したら、コンサルタントがあった。それで河川の計画や流量の計算などをおこなう土木設計コンサルティング会社に就職。ちょうど政府が紙ベースの仕事から電子化へ移行しはじめたときでもあり、国交省系の行政部門が主なクライアントでした。ここでプロジェクト管理や理論建てて作戦を作ったりするスキルを培いました。司法書士に絶対受かると思っていました。なぜなら、プロジェクト管理の経験がある私は他の受験生より合格へ向けたスキーム作りができ、自分をコンサルタントしてしまえばできると思ったからです。でも結局３年かかりました。そんなに甘くはなかったですね。

　司法書士の抹消、移転、設定みたいな定型的な登記の仕事が私は好きじゃない。定型的に書類を作るのなら誰でも出来るので、正直言ってど

うでもいい。たとえばワタナベの「ナベ」って字の種類がいっぱいありますが、ちょっと間違えただけでだめとか。もしそんな仕事と初めから知っていたら、たぶん司法書士は目指していなかったです。

司法書士になった当初に修行した事務所は債務整理が得意で、コンサル的な要素もあったから私もまじめにやっていました。独立後あるとき「債務整理はなくなる、時代が変わるな」って気づいたんです。この業務に頼っていたら絶対まずい、転換しようと。人口構成的にみても今後は相続案件が増えそうだから、相続に関わる仕事に特化していかなければと思い、それからは相続の手続きや信託、事業承継にシフトしています。

士業の未来像

士業を取り巻く環境は厳しいですね。18世紀の産業革命以降、労働者がやっていた仕事を機械がやるようになりました。そして今の情報革命により、知識層がやっていた仕事も機械に置き替わりはじめています。10年後はどうでしょう。登記なんかは誰がやっても同じ結果になるし、判例のデータベースができてそこへ人工知能がついてしまえば、「この案件にはどんな解決策がありますか」って入れると人工知能が最適解を出す。そんな世界になります。実際に、東ヨーロッパのエストニアは世界最先端のIT国家になり、マイナンバーと口座、所得情報がリンクし、ネットにつないでボタンを5回押せば確定申告が済むようになりました。その結果、税理士業務が無くなったと言われています。専門性もコンピュータにとって代わられる時代がきます。

そういった状況の打開のため、私は日本司法書士連合会にカンボジアへ司法書士を輸出する提案をしました。カンボジアはかつての独裁政権下で知識層が虐殺されたため専門家がいません。教育する人もいない。そのため日本政府が支援して法制度を作りましたから、今度は私たちが行きましょう、日司連が後押しませんかという理論展開です。実際に私はカンボジアの政府高官の地位にいる日本人の司法書士にまで会いに行

きました。

私がバッヂをつけない理由

　私はバッヂをつけていません。つけたのは簡易裁判の法廷に立った一度きりで、それ以来、式典のときですら絶対につけない。それは、司法書士として仕事をしているわけじゃないといつも自分に言い聞かせたいから。「司法書士だから頼みます」ではなく、「川嵜さんだから頼みます」と言われたい。クライアントの希望を最高の形で解決する。私しか出来ないことをやる。川嵜だったら解決してくれるから頼もうと思われるのを目指しています。それが将来できたら、司法書士登録は抹消してもいいくらいと思っています。

　私にとって仕事は遊びであり、ゲームです。遊びだからこそ真剣です。オフは妻と温泉に行ったり家族と出かけたりします。ひとりだったらファミレスに行き、原稿を書いたり仕事関連の本を読んだり、自分のビジネスを組み立てるための作戦を練っています。

Profile　川嵜 一夫（かわさき かずお）

新潟県出身 2005年司法書士試験合格 2006年司法書士登録。司法書士かわさき事務所代表。司法書士の法定業務の枠に囚われず、付加価値の高い仕事を提供しているため顧客からの非常に評判が高い。また、わかりやすさをモットーにし、随所に工夫がされた講演会・研修会は満足度が高く、毎年数十件の依頼が全国から来ている。

取得資格　司法書士／中小企業診断士

仕事の逸品

カバン

カラーコンサルタントから僕にはオレンジかピンクの色が似合うといわれました。店で見つけたオレンジの色のカバンを衝動買い。最初は少し派手かなぁとも思ったのですが、コンサルっぽくて良いかな、とも思っています。

弁護士は法律を武器として
仕事をする人のパスポート

フロンティアサムライ

木内 秀行

弁護士 20年
神奈川県 横浜市

理屈っぽい少年だった

弁護士として約20年のキャリアのうち、前半の10年は法律事務所に所属した渉外弁護士、後半は組織内弁護士なんですよ。かなりいろいろなフィールドで仕事をしてきたので、一般的な日本の弁護士というイメージからはかけ離れていると思います。

弁護士を目指そうと思ったのは、小学校高学年から中学生ぐらいのころ。子どものころから理屈っぽくて、自分なりに筋道をたてて物事を説明するのが好きでした。弁護士は理屈が重視される仕事なのでいいなと思っていたんです。そのころ、「なるにはシリーズ」の『弁護士・検察官・裁判官になるには』という本を読んで、弁護士は、法律を取り扱い、法律の理屈に基づいて妥当な結論を出していく仕事であると同時に、人に保護を与える仕事だということを学びました。そこも踏まえて弁護士になろうと決め、それから弁護士になるまで一直線ですね。

公益の実現のために

大学の先輩に、英語を使って国際取引に従事する渉外弁護士がいて、比較的新しい形の弁護士像に憧れ、志しました。実際、渉外的法律関係を中心に扱う事務所に入り、国際取引の仕事に就くことができました。弁護士登録から3年後、渉外弁護士には英語や外国法のアウトライン程度の知識も必要というわけで、1年間留学をし、その後ワシントンDCの法律事務所での執務もしました。その後、平行して国際司法支援にも携わりました。カンボジアの弁護士養成学校の設立や運営の支援、一種の公益に対する支援です。弁護士は、依頼者の事件を解決することによって自由と正義を実現するというミクロ的な仕事をしますが、むしろ国民全体の利益、法の支配に基づく恩恵を担保する公益の実現ができる仕事でもあるのです。

公益を実現する仕事をもっとしたくて、今度は外務省のEPA（経済連携協定）の弁護士に応募したところ採用され、任期付職員として2年間働くことになりました。チリやブルネイ、インド、オーストラリアなどの

国々と日本との EPA 交渉に従事するんです。私は国際法局にいて、条約締結交渉における条約交渉官への国際法上のアドバイスや、交渉妥結後の内閣法制局審査をしていました。

企業内弁護士として

外務省での任期が終了すると、実際にビジネスを行う人と一緒に働きたくて、企業内弁護士に転身しました。法律事務所の弁護士は、クライアントの抱えている問題の一部分の相談に対してアドバイスをしますが、ビジネスに責任を持つ立場ではありません。外務省で働いてみて、現場で案件の頭からしっぽまで一緒に知恵を絞って汗を流したいと思ったんです。

最初の企業は石油会社で、専門的知見を提供するスタッフとして入ったのですが、翌年、管理職として中堅の証券会社に移りました。スタッフとしてだけではなく、専門家として組織をマネジメントし、自分の持つ2倍、3倍の力を発揮して会社組織に貢献してみたかったんです。10人ほど部下を抱え、組織の活性化をはかりながら、法律家として金融商品取引法、会社法、民法のアドバイスなども行いました。プレイヤーであると同時にマネージャーという2足のわらじをはく。これが、企業内弁護士の醍醐味だと実感しました。

次の会社がレコード会社のエイベックスです。音楽が好きだったことと、規模の大きな会社だったことから応募しました。ここでも法務部長としてマネージャーとプレイヤーの2足のわらじで4年半ほど仕事をし、2015年からは、英語を使って仕事をしようと、日系グローバルのJVCケンウッドに移りました。現在では役員として経営に関与する機会もあります。

これまでは、外務省、石油会社、証券会社、エンターテインメント会社と、様々な業種で働いてきましたが、求められるのは同じ、法的知見なんです。ルールを適正に解釈して理屈を通すということですね。この根っこが揺るがない限り、どんな法律でも対応できるのが法律家。これがいいところで

す。弁護士になろうと思った子どもの時には思いもしなかった経歴ですが、振りかえってみて、改めて弁護士になってよかったなと思います。

弁護士の可能性をフロンティアとして具現化する

一般的に、弁護士のイメージは、法律事務所を構えて訴訟を中心とした法律実務に従事するということだと思います。それは尊い仕事ですが、それだけに弁護士の可能性を封じ込めるのはもったいない。発想を変えて、企業や役所で働くとか、思い切って海外に飛び込んでみるというふうに活動領域を拡大してみると、まだまだ可能性は広がります。それができるのが弁護士であり、私はフロンティアとしてそれを身をもって実現してきたという自負があります。

弁護士は「法律を武器として仕事する人のパスポート」ではないかと思います。これから弁護士を志す人も、いろいろな世界にどんどん飛び込んでいってほしい。もちろんバックグラウンドにあるものは、自由と正義を守る担い手であることです。

Profile　木内 秀行（きうち ひでゆき）

群馬県出身　1992年司法試験合格　1995年弁護士登録。渉外法律事務所を経て、2006年外務省国際法局、2008年昭和シェル石油株式会社、2009年ばんせい山丸証券株式会社、2010年エイベックス・グループ・ホールディングス株式会社にて勤務。2015年より株式会社JVCケンウッド。現在執行役員待遇法務・知財部長。

取得資格　弁護士

🖊 仕事の逸品

自転車

新聞記事に自転車通勤に関する記事があり、内容があまりにも良いことずくめだったので、影響を受け自転車通勤をはじめました。そんな理由で乗り始めた自転車ですが、フランスや石垣島のロングライド・イベントに参加するまでになりました。

サムライが刀を磨く、
武芸を練るのは当たり前
それが学び続けるということ
だと思うのです

軍師サムライ

大島 康義

中小企業診断士 9年
大阪府 大阪市

倒産の逆境から立ち直る

私は、老舗ホテルの三代目でした。ホテルは阪神大震災で壊滅的なダメージを受け、負債は年商の4倍にあたる100億円に。そんな状態で、親父から「お前に全部任せる」と言われ、いきなり400名の社員のトップになりました。27歳のときです。そこからが失敗の連続でした。海外の大学で学んだ経営の知識は全く役に立たず。自信は粉々に打ち砕かれました。その後、七転八倒の中で経営の本質に気付いていきましたが、35歳で力尽き、倒産させてしまったのです。

それから2年間、引き篭り生活を送りました。失意の中で残務整理をしながら、倒産関連の本を読み漁り、自分の失敗を、日々考え続けました。「大島君、もういい加減、過去を振り返るのはやめたら」と言われましたが、ここまで過去にこだわるのは、逆に意味があるのではないだろうか、この究極の体験と、そこで得られた様々な気付きを活かす道はないかと考えました。そして、ある時、「後継者支援をすることが自分の道だ！」と閃きました。私は「後継者」として頑張ったけれど、何をどう頑張れば良いのかポイントがわからなかった。周りに相談する人もなく、自分の立場を分かってもらえなかった。そして経営のことを共に考えてくれる人がいなかった。同じように悩んでいる後継者が多いのではないかと思い、資格も持たない中で、後継者支援・事業承継支援の仕事を始めたのです。

後援者支援の活動へ

そんなとき、「事業継承ドットコム」という事業承継支援の活動をしていた神崎充さん（現：一般社団法人軍師アカデミー）と再会しました。もともと大学のゼミの先輩後輩の間柄でしたが、別のキャリアを歩んだ二人が偶然にも同じテーマに取り組んでいるのに驚きました。当時、日本の社長の平均年齢は約57歳。事業承継が成功しないと企業の将来は無い。しかし、事業承継の考え方やノウハウは世の中で未だ確立していない分野。ここを二人で切り拓こうと共同研究を始めました。まずは、なぜ失敗し

たのか、なぜその行動をしたのか、しなかったのかの検証からスタート。そこから徐々に後継者の失敗の構造が見えてきたのです。次に、後継者の成功の原理原則と支援の方法の研究に取り掛かりました。そのために、中小企業診断士とＣＤＡ（キャリアカウンセラー）の資格を取得しつつ、経営と人の勉強を徹底的にやりました。

　一般に事業承継は、親が主導するものと考えられています。しかし、「事業承継は後継者が主導するものであり、後継者自身が自らの意思と力でやっていくのが事業承継を成功させる核心だ」という考え方を打ち出し、「後継者の軍師」というユニット名で活動を開始したところ、ものすごい反響がありました。

　この考え方を世の中に広めるため、「軍師」の育成と組織化に着手しました。いろいろな士業、専門分野の方々が仲間になってくださり、今では約250名の組織にまでなりました。「軍師」とは、専門分野に捉われず、後継者と同じ目線に立ち、経営を俯瞰して、企業の方向性を後継者とともに考え、企業を発展させる存在です。

事業承継という課題に取り組む

　日本の経済を支えているのは、全体の99.7％を占める中小企業で、その多くが事業承継の時期を迎え、業績が低迷し、方向性に悩んでいます。このままでは日本の経済はガタガタになりかねません。

　この国難に誰が立ち上がる、と聞かれたら、サムライしかいないじゃないですか。国家資格として認められている士業こそが、現代のサムライです。その士業が国のために立ち上がらなくてどうするのか。

　これだけ困っている中小企業と後継者がいるのです。この国難に立ち上がり、サムライとしての生き方をしようという志こそが大切だと思います。

　ただし、私の考える本物のサムライとは、国がつくった資格の枠組みにすがり、専門分野の枠の中だけで生きるのではなく、経営と人を俯瞰して、自らの生きる道を自らの信念で切り開く「生き方」を志す人です。私は、

Interview 30 number Samurai

そういった真のサムライを「軍師」と名づけ、そういった存在として生きていきたいと考えています。単なる専門家ではなく、「軍師」として経営者と一緒に山の頂に立って支援できる人を増やす。「軍師」こそが、中小企業、そして、これからの日本に必要ではないでしょうか。

自分で社会を作っていく生き方

人の生き方には大きく二種類あると思います。人と比べ、人に依存していく「水平の生き方」と、自らの宿命を受け入れ、運命を切り拓き、社会に貢献していく「垂直の生き方」。私は社会に何か残して死んで行きたい。そのためには、最低限、自分の武器を磨かなければならない。サムライが刀を磨き、武芸を練るのは当たり前じゃないですか。それが、資格取得を通過点として、広く、深く学び続けるということだと思うのです。それをせずに錆付かせて、止まってしまったら、何の役にも立たない。私は己の生命を燃焼させたい。自らも含めて、関わった人が成長し、周りの人にも良い影響を与えていく。私はそんな生き方をしたいと切に願っています。

Profile 大島 康義（おおしま やすよし）

兵庫県出身 2005年中小企業診断士合格 2006年中小企業診断士登録。2006年CDA登録。株式会社後継者BC研究所代表取締役。一般社団法人軍師アカデミー専務理事（軍師会会長）。後継者支援・事業承継支援の第一人者。軍師事業を立ち上げ、現在は自らも専門家として活動する一方で、軍師認定保有者が集まる軍師会を会長としてリードする。

取得資格 中小企業診断士／CDA（キャリアカウンセラー資格）

仕事の逸品

鞄

中身の取り出しやすさ、マチの広さやポケットの多さ等、自分にとって本当に使いやすい鞄で大量の書類を持ち歩くときや出張のときには重宝しています。現在は廃盤になっているので、修理をして大切に使い続けています。

Producer - Message

現代のサムライとして生きる

　弁護士、公認会計士、司法書士、社会保険労務士、行政書士、土地家屋調査士……

　初めて目にする職業もあったかもしれません。我が国では、市民・企業のトラブルを解決するための専門職としての弁護士、企業の財務状況をチェックして適正であることを担保する監査を担当する公認会計士、さらには行政機関における各種の手続きを代行・サポートする各種士業（社会保険労務士や行政書士など）、様々なプロフェッショナルが活躍しています。

　本書を読んで、どのように感じられたでしょうか？

　仕事と真剣に向き合って、仕事を通じて自己を高めていく姿が印象に残ったことと思います。彼ら、彼女らは現代のサムライです。

「士業」という呼び名は、主君のために命を賭けて働く武士、そして、「義」や「勇」を中核とする武士道を連想させる言葉です。現代のサムライは主君のためではなく、依頼者のために働きます。命までは賭けませんが、依頼者の悩みを引き受け、依頼者が煩わしくないよう面倒を一手に引き受けます。その際、依頼者のわがままをそのまま認めるわけではなく、社会正義に適う範囲で対応します。専門職として高い職業倫理を持っています。その職業倫理は、武士道における「義」や「勇」に対応します。「義」とは筋道が立っていること、卑怯者と呼ばれないような生き方を指します。それぞれの士業には社会的使命が法律で定められており、その社会的使命の実現が「義」であるといえます。また、「勇」とは胆力があり、思い切って行動することです。「義を見てせざるは勇なきなり」という言葉もある通り、義・筋が通ることを前提に行動するのが「勇」です。士業たるもの頭で分かっているだけではダメです。依頼者の立場で、論を立てて主張する。時には多数の意見に反することも遠慮せずに闘うことが求められます。

　士業は専門知識を多く持ちますが、「知識のための知識」ではなく、依頼者のため、世の中を良くするために使ってこそ、本当の知識です。これは「知行合一」という考え方であり、武士の時代に重視されました。現代でも、社会正義を実現すること、道理が通らない世間で果敢に戦うこと、そして、理論と実務を融合させて問題解決を図ること、は士業の仕事そのものです。

　様々な士業のインタビューを読んで私が感じたポイントを３つ紹介します。皆さんが感じられたものと比較して、再度、印象に残ったインタビューを読み直していただければ、と思います。

　１つ目。開業しているか、事務所で働いているか、又は企業内であるか、を問わず、士業たるもの、組織に依存せずに自分の力で生き抜いていく気概とスキル・知識を身につけよう、毎日少しずつでも成長していこう、という向上心を持っています。大きな事務所や企業で働いている

と、毎日、似たような事件・手続をこなしている、単なるルーティンのように感じられることもあります。しかし、同じように見える事件・手続でも、何かしら違いがあり、工夫すべき箇所があります。それぞれの案件の背後にいる人間のことを考えて、丁寧に仕事をしていく姿勢が求められます。この姿勢が自分を高め、成長させていきます。

　２つ目。士業は独立業ではあるものの、いや、独立・自立しているからこそ、他の人とのネットワークを大事にします。弁護士同士、会計士同士、社労士同士、といった同じ職業で助け合いの関係構築はもちろん、他の士業との繋がりが重要となります。依頼者が抱える問題・手続は１つの士業だけで解決できるとは限りません。自分の専門性を高めて、「この問題ならば彼・彼女」と言われるほどに評判を高めることも大事ですが、同時に、いわゆるワンストップ・サービスを実現するために、他士業との協力関係が肝心です。同じ職業内の繋がり、他の士業とのネットワークによって、自分の強みをより意識できるようにもなります。

　最後、３つ目。士業は究極のサービス業であり、信用と信頼が全てです。士業の仕事は広告宣伝によって獲得するものではなく、今目の前にいる顧客の満足が次の仕事を呼んできます。一つひとつ手掛けている事件・手続を着実にこなして、依頼者に満足していただくことに一生懸命になっている姿勢を本書から感じて欲しいです。

サムライプロジェクト
プロデューサー
反町　雄彦

現代のサムライとして生きる

編集後記

取材の現場から

思い返すと随分と強行スケジュールで取材を進めました。
ご多忙の中、取材に応じていただいた先生方には
改めて御礼を申し上げます。

それぞれの地域で様々な年代の方が活躍できる、
士業って本当に魅力的な仕事なんだなと再認識しました。
地域や社会に自分の持っている知識を提供し、
その対価として報酬を受け取る、それが士業の仕事です。

自分自身が受験生だったとき、士業でどんな方が活躍しているのか
知ることができませんでした。
合格後をお伝えすることで難化の一途を辿る国家試験に相対する
みなさんへのマイルストーンになれば幸いです。
また、本書をお読みになって少しでも共感するところがあり、
ご自身のキャリアが良い方向へ向くきっかけとなってもらえれば
それ以上の喜びはありません。

行政書士　宗岡 司

試験合格までのプロセスや動機を尋ねると、「さぁ」「何となく」
「努力が続かない性格だし‥」という漠然とした返答。
士業を生業とした今も、「与えられたことをやるだけなので」と
ふわりとした感想の先生がいました。
士業の先生方が皆難しい試験を突破し知的専門職に
身を置いていることと、この先生が持つフワフワ感とのギャップを、
取材の帰り道ずっと考えました。

士業としてのこだわり、妥協せず乗り越えてきたものがきっとあるはず。
努力や執念という感覚に無自覚になるほどの思いに突き動かされ、
資格をとり、職業としてサムライ業を全うしているのでないか。
無意識に宿った動機が資格試験や実務への取り組みを
後押ししているのではないか、と思うに至りました。

士業を志す方が年々少なくなり、日本の専門職も減少の一途を辿っています。
本書で語られた、第一線を疾走するサムライ達の
「今」から何かを感じ取り、読者のみなさんの中にもきっとある、
隠れた想い、動機が現れるきっかけとなれば幸いです。
そして、スペシャリストとして
この国の未来を形作る人材になっていただくことが、私たちの願いです。

ディレクター　大槻　秀人

サムライ達は、全国のいたるところで

人のために
地域のために
自分自身を高めるために
そして悔いのない人生を送るために

今日も走り続けています。

サムライプロジェクト staff

Producer ： 反町 雄彦

Director ： 大槻 秀人

Coordinator ： 野竹 聖子

Interview/Photo ： 宗岡 司

Chief Adviser ： 唐沢 隆弘

special thanks

Model ： 倉岡 恵実

ご協力いただいたすべての皆様

士業の先生方の記事は、取材当時の内容です。

私が士業として生きる理由

2016年1月15日　第1版　第1刷発行
編　者●サムライプロジェクト

発行所●株式会社　東京リーガルマインド
〒164-0001　東京都中野区中野4-11-10
アーバンネット中野ビル
☎03(5913)5011(代　表)
☎03(5913)6336(出版部)
☎048(999)7581(書店様用受注センター)
振　替　00160-8-86652
www.lec-jp.com/

編集・制作・デザイン●株式会社ウララコミュニケーションズ
印刷・製本●秀英堂紙工印刷株式会社

©2016 TOKYO LEGAL MIND K.K., Printed in Japan　ISBN978-4-8449-9763-4
複製・頒布を禁じます。

本書の全部または一部を無断で複製・転載等することは、法律で認められた場合を除き、著作者及び出版者の権利侵害になりますので、その場合はあらかじめ弊社あてに許諾をお求めください。
なお、本書は個人の方々の学習目的で使用していただくために販売するものです。弊社と競合する営利目的での使用等は固くお断りいたしております。
落丁・乱丁本は、送料弊社負担にてお取替えいたします。出版部までご連絡ください。